Friedrich Oberkogler

Die Zauberflöte

Mozarts Mysterienspiel und das Goethe-Fragment

FRIEDRICH OBERKOGLER

Die Zauberflöte

MOZARTS MYSTERIENSPIEL
UND DAS
GOETHE-FRAGMENT

Eine musikalisch-geisteswissenschaftliche Werkbesprechung

1982

Novalis Verlag

Umschlag und Bilder
Daniel Boillat, Dornach CH

Printed in Switzerland
by Meier + Cie AG Schaffhausen
ISBN 3-7214-0501-3

INHALTSVERZEICHNIS

*«Wenn es nur so ist, daß die Menge der Zuschauer
Freude an der Erscheinung hat; dem Eingeweihten
wird zugleich der höhere Sinn nicht entgehen,
wie es ja auch bei der ‚Zauberflöte' der Fall ist.»*

(J. W. v. Goethe)

Vorwort

Der Leser dieses Buches wird sich vielleicht die Frage stellen, was den Autor wohl bewogen haben mag, in die ganz auf Mozarts Opernwerk und damit auf das Musikalische orientierte Betrachtung auch Goethes Fragment einer «Fortsetzung» der «Zauberflöte» miteinzubeziehen. Der Beweggrund liegt keineswegs allein in der hundertfünfzigsten Wiederkehr von Goethes Todestag, obgleich das Erscheinen des Buches in diesem Gedenkjahr als ein glückliches Zusammentreffen angesehen werden darf, weil damit eine zu Unrecht in Vergessenheit gesunkene Perle Goethescher Poesie dem Leser wieder in Erinnerung gebracht und gleichzeitig dem Werk Mozarts ein besonderer Dienst erwiesen wird. Der Musikfreund allerdings mag die Notwendigkeit dieser Ergänzung vielleicht nicht spontan einsehen. Denn daß die Musik der «Zauberflöte» einen Gipfelpunkt nicht nur in Mozarts eigenem Schaffen, sondern in der gesamten Opernliteratur darstellt, ist unumstritten. Und als solcher steht das Werk für sich und bedarf gewiß keiner Ergänzung.

Anders dagegen ist es um das Libretto bestellt. Lange Zeit wurde es als allzu naiv und kindlich bezeichnet, so daß man glaubte, dem Werk nur Singspiel-Charakter zubilligen zu können. Allerdings mußte es nachdenklich stimmen, daß in diesem so schlichten, volkstümlich anmutenden Libretto keinerlei Hindernis lag für die tief weisheitsvolle Entfaltung der Musik. Sollten in diesem so buntgemischten, singspielhaften Geschehen doch tiefere Geheimnisse verborgen liegen? Auch hat die moderne Mozart-Forschung längst erkannt, daß Mozart beim Text der «Zauberflöte» formend und gestaltend eingegriffen haben muß, und so ist das Mühen um neue und immer tiefgründigere Deutungen bis zum heutigen Tag nicht erlahmt. Und Goethe, der wie kein anderer die «Mysterien» dieses Werkes begriffen hatte, wollte ihm einen «zweiten Teil» folgen lassen, in welchem der Kampf der Dämonen gegen das Sonnenreich Sarastros in aller Konkretheit zur Darstellung kommen sollte.

Durch die Arbeit an dieser fragmentarischen Dichtung Goethes hat sich dem Autor diese verborgene Tiefgründigkeit von Mozarts Werk in einer Weise geoffenbart, die jedem, dem der Text der «Zauberflöte» mehr bedeutet als eine liebenswerte Märchenhandlung, eine wertvolle Hilfe sein kann auf seiner Suche nach diesem Mysterien-Gehalt. Denn in Goethes Dichtung haben wir eine echte «Fortsetzung» vor uns, d.h. eine folgerichtige Weiterführung der Handlung, die mit äußerster Strenge jede Verfremdung oder Um-Interpretierung des Mozartschen Gedankengutes vermeidet. Diese Transparenz, die Goethes Fragment – abgesehen von seinen eigenen Schönheiten und Tiefen – dem Werk Mozarts zu geben weiß, war das bestimmende Motiv für diese gemeinsame Betrachtung eines Werkes des «Wiener» und «Weimarer Klassikers».

Ein Wort über die Berechtigung unserer geisteswissenschaftlichen Betrachtungs-Methode darf hier noch beigefügt werden. Die künstlerische Wirklichkeit bedeutet eine für sich bestehende, eigenständige Welt, in die kein Gedankengut hineingetragen werden soll, das nicht unmittelbar aus ihr selber spricht. Die «exakte Phantasie» des Künstlers schafft Gestalten, die keineswegs bloßen Symbol-Charakter haben, sondern in ihrer künstlerischen Wirklichkeit gleichzeitig Repräsentanten sind bestimmter ideeller Realitäten und Kräftewirksamkeiten. Man sollte nicht übersehen, daß es neben der sinnlichen Anschauung auch eine übersinnliche gibt, und die künstlerische Inspiration reicht sehr nahe an diese imaginativ-übersinnliche Anschauung heran. Von dieser Transzendenz wird die Phantasie des Künstlers inspiriert, und die Frage lautet für uns daher nicht: was «bedeutet» diese oder jene Gestalt des Dramas, sondern welches inspirative Erlebnis hat den Schöpfer des Werkes veranlaßt, diese bestimmte Figur zu schaffen? Welche verborgenen Zusammenhänge, Wirksamkeiten oder Intentionen einer geistigen wesenhaften Welt sollen an dieser oder jener Gestalt sichtbar zum Ausdruck kommen? Symbol «bedeutet», Repräsentanz «ist». So dürfen wir sagen, daß die Figuren der «Zauberflöte» in ihrer künstlerischen Wirklichkeit in voller Lebendigkeit aufzeigen, was sie sind, und daß die geisteswissenschaftlichen Aspekte, die wir zu Hilfe nehmen, nur dem Verständnis für ihre hintergründige «Repräsentanz» dienen sollen, ganz im Sinne des Goethe-Wortes, das wir als Motto unserer Betrachtung vorangestellt haben: «Wenn es nur so ist, daß die Menge der Zuschauer Freude an der Erscheinung hat; dem Eingeweihten wird zugleich der höhere Sinn nicht entgehen.»

Wien, im August 1982 — *Friedrich Oberkogler*

Einleitung

Als am 30. September 1791 *«in dem festlich mit Wachskerzen illuminierten kaiserl.-königl. privilegierten Theater auf der Wieden»* – einem Volkstheater – die Uraufführung der «Zauberflöte» stattfand und der Komponist, *«Herr Wolfgang Amade Mozart, Kapellmeister und wirklicher K.K. Kammerkompositeur, aus Hochachtung für ein gnädiges und verehrungswürdiges Publikum und aus Freundschaft gegen den Verfasser des Stücks, das Orchester selbst dirigierte» (1)*, da dürfte wohl kaum einer der damaligen Besucher auch nur im entferntesten geahnt haben, welcher Sternenstunde der Menschheitsgeschichte er beiwohnte.

Zwar brachte die erste Aufführung ihrem Schöpfer eine gewisse Enttäuschung.

«Nach der Ouverture verharrte das Publikum zunächst in erwartungsvoller Stille... Auch nach dem ersten Akt hielt die auffallend kühle Stimmung des übervollen Hauses noch an, so daß Mozart blaß und bestürzt auf die Bühne geeilt sein soll und Schikaneder ihn beruhigen mußte. Am Schlusse wurde der Beifall jedoch lebhafter.» (2)

Allein schon die Wiederholung des Werkes ließ eine erhöhte Anteilnahme des Publikums erkennen, so daß Mozart, dessen krankes Gemüt durch diese anfängliche Zurückhaltung aufs heftigste erschüttert war, am 7. Oktober an Konstanze berichten konnte:

«Eben komme ich von der Oper; sie war ebenso voll wie allzeit. Das Duetto Mann und Weib etc. und das Glöckchenspiel im ersten Akt wurde wie gewöhnlich wiederholet – auch im 2. Akt das Knabenterzett – was mich aber am meisten freuet, ist der Stille Beifall! – man sieht recht, wie sehr und immer mehr die Oper steigt.»

Die Zurückhaltung des Wiener Publikums wandelte sich von Aufführung zu Aufführung in enthusiastische Zustimmung. Bereits der Monat Oktober verzeichnete 24 Vorstellungen. Am 14. Oktober schrieb Mozart an seine Gattin:

«...um 6 Uhr holte ich Salieri und die Cavalieri mit dem Wagen ab und führte sie in die Loge... Du kannst nicht glauben, wie artig beide waren – und wie sehr ihnen nicht nur meine Musik, sondern auch das Buch und alles zu-

sammen gefiel. Sie sagten beide: ein Operone, würdig bei der größten Festivität vor dem größten Monarchen aufzuführen – und sie würden sie gewiß sehr oft sehen – denn sie haben noch kein schöneres und angenehmeres Spectakel gesehen. – Er hörte und sah mit aller Aufmerksamkeit und von der Sinfonie bis zum letzten Chor war kein Stück, welches ihm nicht ein Bravo, oder Bello ablockte – und sie konnten fast nicht fertig werden, sich für diese Gefälligkeit bei mir zu bedanken...»

Am 23. November 1792 – elf Monate nach Mozarts Tod –, konnte Schikaneder die 100. Vorstellung ankündigen. In einem einzigen Siegeszug eroberte sich das Werk von Wien aus ganz Deutschland und schließlich die Welt. Am 25. Oktober 1792 erfolgte in Prag die erste Aufführung außerhalb der Donau-Metropole, 1793 folgte Frankfurt am Main. Am 9. November dieses Jahres berichtet Goethes Mutter ihrem Sohn:

«Neues gibts hier nichts als daß die Zauberflöte 18mahl ist gegeben worden und daß das Haus immer gepfroft voll war – kein Mensch will von sich sagen lassen – er hätte es nicht gesehn – alle Handwercker – und Gärtner – ja gar die Sachsenhäusser – deren ihre Jungen die Affen und Löwen machen gehen hinein, so ein Specktackel hat man hir noch nicht erlebt – das Haus muß jedesmahl schon vor 4 Uhr auf seyen – und mit alledem müssen immer einige hundert wieder zurück die keinen Platz bekommen können – ...»

Trotz dieses jäh aufflammenden und bis heute nicht erloschenen Interesses, das die «Zauberflöte» bei Mit- und Nachwelt auslöste, sind alle Deutungen, Beurteilungen, Wertungen und Charakteristiken immer nur Blickpunkte geblieben. Selten hat sich ein Werk, das scheinbar äußerlich so einfach und zugänglich ist, schwerer einer Deutung erschlossen.

Auslegungen der «Zauberflöte»

Als Märchenoper und deutsches Singspiel wurde die «Zauberflöte» der Form nach charakterisiert, als «ethische Allegorie», als «Schwanengesang der Freimaurerei» hat man sie ihrem Inhalt nach begriffen. Und doch wußte man nur zu genau, daß man ihre letzten Tiefen damit kaum berührte. Wäre es anders, wie könnte uns dieses Werk immer wieder neue Rätsel aufgeben? Das Mühen um seine Deutung ist bis zum heutigen Tag nicht erlahmt. Indem sie uns immer wieder vor neue Geheimnisse stellt, uns stets dort das Wesentliche verbirgt, wo uns ihre

Märchenpoesie scheinbar alles erzählt, wird uns die «Zauberflöte» immer mehr zu einem echten «Mysterium», zu einem Spiel von den tiefsten Geheimnissen des Lebens und der menschlichen Seele.

Die zahlreiche Literatur, die seit der Premiere über das Werk entstanden ist, hat in ihren wertvollsten Darstellungen dieses Mysterium wohl geahnt. Auf die wichtigsten Deutungsversuche soll im Folgenden näher eingegangen werden. In ihnen nimmt die Freimaurer-Allegorie einen beachtlichen Platz ein; dennoch ist ihre tatsächliche Bedeutung keineswegs so unbestritten, wie dies der heutigen, tradierten Meinung entsprechen mag. Gewiß wäre es abwegig, den Gleichklang mit den freimaurerischen Ideengehalten zu leugnen. Natürlich sind derartige Motive in dem Werk enthalten. Mozart war, gleich vielen anderen großen Geistern, wie etwa Lessing oder Goethe, Freimaurer; und auch Schikaneder gehörte der Loge an. Ihren Zielsetzungen – bauend im ethischen Sinne zu wirken, durch gemeinsame Arbeit Tugend und Weisheit zu erringen und solcherart den Bruderbund der Menschheit – ein kommendes «Philadelphia» – vorzubereiten, fühlte sich vor allem Mozart innig verbunden. Doch haben wir die Dinge in ihrer richtigen Reihung zu sehen: Mozart wurde Freimaurer, weil sein Genius, seine unvergängliche Individualität von Idealen erfüllt war, die er im Geiste der Loge wiederfand; und nicht prägte umgekehrt das Freimaurertum Mozarts Wesen.

Nicht anders verhält es sich mit dem Werk. Auch hier ist es nicht das Freimaurerritual, das Form und Inhalt der «Zauberflöte» gestaltete. Umgekehrt ist es zu erkennen: weil hohes Menschentum, der Bruderbund einer in Wahrheit, Liebe und Tugend geeinten Menschheit das tiefste Anliegen des Werkes sind, läßt es Motive anklingen, die jener auf ähnliche Zielsetzungen gerichtete Orden pflegte.

Dies erhellt allein schon die Tatsache, daß die freimaurerische Deutung erst 1857 durch Leopold v. Sonnleithner (1797–1873) aufgegriffen worden ist, der in einem Aufsatz «Über die Zauberflöte» – erstmalig gedruckt 1918 – darauf verwies, daß mit dem Reich Sarastros, vom ersten Finale an, eine *«Verherrlichung des Freimaurer-Ordens»* ausgesprochen sei. *(3)*

Diese Darstellung hat dann auch der bekannte Mozart-Biograph Otto Jahn, der mit Sonnleithner befreundet war, aufgegriffen und namentlich den zweiten Akt als *«ganz auf freimaurerischen Boden» (4)* gestellt, interpretiert. Jahns Biographie erschien bereits 1855; seither ist man nicht müde geworden, diese Auffassung in zahlreichen Varianten immer wieder zu betonen.

Jahn fügt dieser Auffassung allerdings die wichtige Bemerkung hinzu:

«Die wesentlichen Züge des Zeremoniells, auch die Prüfungen mit Enthaltsamkeit und Schweigen, das Wandeln durch Wasser und Feuer finden sich bei Apuleius im Bericht über Lucius Einweihung in die Mysterien der Isis. Bekanntlich hat man den Ursprung des Freimaurerordens auch in ägyptischen Mysterien gefunden und wenigstens in manchen Logen auch einzelnes Symbolische daher abgeleitet.»

Allein dieser Hinweis läßt Jahns eigene Ansicht über den *«freimaurerischen Boden»,* auf dem wir im zweiten Akt stehen, als bloße Äußerlichkeit erscheinen. Eine diesbezügliche Besinnung dem Werk gegenüber täte not. Hält man es denn wirklich für möglich, daß Mozarts unendlich moralisches, feinsinniges und lauteres Wesen imstande gewesen wäre, das in den Logen Erfahrene einfach für sich zu annektieren, um es zum «Sujet» seiner Oper zu machen? Die Meinung, man stünde in der Zauberflöte auf «freimaurerischem Boden», verdichtete sich ja sogar soweit, daß man Mozart des Mysterienverrats zieh.

Als wichtiges Zeugnis einer solchen notwendigen Besinnung darf man einen Brief des Mozart-Freundes Jakob Haibel ansehen, den er wenige Tage nach Mozarts Tod an den Intendanten Dalberg nach Mannheim schrieb und in dem er bloß von *«Egyptischen Geheimnissen»* berichtete, die durch die «Zauberflöte» hier allgemein bekannt geworden seien. Und Karl Blümml argumentiert in seiner «Ausdeutung der Zauberflöte» *(3)* daher mit Recht, daß es von den Zeitgenossen gewiß vermerkt worden wäre, wenn Mozart eine Verherrlichung der Freimaurerei beabsichtigt hätte.

So ist es auch begrüßenswert, wenn einer unserer zeitgenössischen, avantgardistischen Regisseure – Götz Friedrich – sich in seiner Interpretation ebenfalls von der Freimaurer-These distanziert:

«Das Menschheitsideal, das in der ‹Zauberflöte› verkündet und gefordert wird, geht weit über das hinaus, was die Freimaurerei jemals zu verwirklichen in der Lage war. Nicht zuletzt die Feuer- und Wasserprobe, nach der Mann und Weib eingeweiht werden, sprengt in ihrem Symbolgehalt die Fesseln freimaurerischer Doktrin, ebenso wie der Hauptgedanke der ‹Zauberflöte›, der sich an die Kraft des Eros knüpft, in der Freimaurerei nicht seinesgleichen hat.» (5)

Mit Otto Jahns These, ab dem Finale des ersten Aktes würden freimaurerische Elemente aufscheinen, die keineswegs in der ursprünglichen Absicht des Librettisten gelegen wären, verbindet sich zusätzlich eine von ihm aufgestellte Theorie, die jedoch begrüßenswerterweise von der heutigen Mozartforschung abgelehnt wird. Gemeint ist die sogenannte «Bruch-Theorie» Jahns, die er aus einem Brief des Musikers Ignaz v. Seyfried an Friedrich Treitschke, den Bearbeiter des Textbuches von Beethovens «Fidelio», ableitet. In diesem Brief heißt es:

«Das Textbuch war bis zum ersten Finale vollendet, als in der Leopoldstadt ‹Die Zauberzither oder Kaspar der Fagottist› erschien. Perinet hatte ebenfalls dasselbe Märchen benützt, war aber, den lokalen Zuschnitt abgerechnet, dem Original treu gefolgt. Das genierte wohl etwas weniges unseren Emanuel, doch wußte er bald Rath dafür durch das Herumdrehen des ganzen Planes, zum Glück und Heil des Ganzen ...»

Um der Gefahr zu entgehen, das gleiche Libretto zu bringen, wie das Konkurrenzunternehmen Marinellis in der Leopoldstadt, hätte sich der «Praktiker» Schikaneder also kurz entschlossen, die Charaktere der Personen einfach zu vertauschen, ohne jedoch das bis zum Finale des ersten Aktes bereits gediehene Textbuch zu ändern. So wurde aus der anfangs offenbar «guten» Königin der Nacht ein «böses» Wesen, aus dem ursprünglichen «Bösewicht» Sarastro ein weisheitsvoller, gütiger Hierophant. Zur Erhärtung seiner These führt Jahn weiter an, daß die Wirkungen der Zauberinstrumente, der böse Mohr wie auch der im Szenarium vorgeschriebene Löwenwagen Sarastros nicht in den Weisheitstempel gehörten und offenbar Relikte des ursprünglichen Handlungsplanes darstellten.

Die heutige Mozartforschung verwirft, wie gesagt, diese Theorie, obwohl auch sie Widersprüchlichkeiten im Textbuch glaubt vermerken zu müssen. Auf diese Ungereimtheiten hat vor allem Hermann von Waltershausen eingehend verwiesen und führt sie auf einen anfänglich anders lautenden Plan zurück, ohne jedoch der Bruch-Theorie Jahns damit zu folgen. So ist er zum Beispiel der Ansicht, daß das Verhalten der drei Damen zu Beginn auf ursprünglich gute Feen schließen lasse. Weiters stellt er die Frage, wozu die sternflammende Königin als böses Wesen eigentlich Papagenos Vögel benötige? Wäre sie eine gute Fee, dann könnte man sie allenthalben als «Ziervögel» akzeptieren, wofür aber sollten sie einem nächtlich-bösen Prinzip dienen? Auch die Notwendigkeit der schützenden Zauberinstrumente wird in dem Augenblick hinfällig, da sich Sarastro als guter Priester entpuppt. Und was sollen die wilden Tiere, die Taminos Flötenspiel anlockt? Sind sie die Wächter des sarastrischen Lichtreiches? Rätselhaft findet Waltershausen ferner den Umstand, daß Sarastro ausgerechnet den Monostatos zum Wächter Paminas bestellt.

Was soll überhaupt diese dunkle Gestalt in der Sonnensphäre des Osiris-Priesters? Widersprüchlich erscheinen schließlich auch die drei Knaben, von denen man nicht weiß, in wessen Diensten sie eigentlich stehen. Anfangs hat es den Anschein, als dienten sie der nächtlichen Königin, später entpuppen sie sich als Boten Sarastros. Dies sind nur einige der Fragen, die Waltershausen aufwirft und die ihn einen ursprünglich anderslautenden Plan annehmen lassen. Das Abgehen davon begründet er jedoch nicht durch die Jahn'sche These, sondern mit künstlerischen, formalen und ästhetischen Überlegungen:

«Es will wahrscheinlicher erscheinen, daß innere künstlerische Bedürfnisse Schikaneder gezwungen haben, aus dem Reiche der Königin der Nacht in das des Lichtes hineinzusteigen, daß sich hieraus bessere Proportionen für das Ganze ergeben, das so überdies einen tieferen Sinn ... in den ägyptischen Geheimkulten fand. Zweifellos ist der ganze erste Akt nach dem alten Plan, der zweite fast durchweg nach dem neuen angelegt; die Anpassung des ersten an die veränderten Verhältnisse hat mancherlei Restbestände zurückgelassen. Der Kern der alten Handlung läßt sich unschwer aus dem neuen herausschälen.» (6)

Die zurückgebliebenen Widersprüchlichkeiten akzeptiert Waltershausen jedoch als Ausfluß des Märchencharakters der Oper:

«Aber der Charakter des Märchenspiels ist in der ‹Zauberflöte› vorhanden, so daß wir uns bei der Aufführung an keiner Unlogik ärgern, sondern die gläubige Einstellung des Kindes in uns erleben ...»

Auch andere Mozart-Forscher sind der Auffassung, daß die Handlung zwar ursprünglich anders gedacht war, im Zuge der gemeinsamen Arbeit Schikaneders mit Mozart dann aber eine Korrektur erfahren hätte. Die Ursache dafür sieht man allerdings in verschiedenen Faktoren. So führt Abert die Änderung sowohl auf Mozarts persönliche Lebensstimmung zurück als auch – und dies vor allem – auf den Instinkt des Künstlers, den sein Gefühl oft Wege leitet, die dem Verstand unlogisch erscheinen mögen. Für Götz Friedrich hingegen ergibt sich die Änderung zwangsläufig aus der inneren Entwicklung der Hauptpersonen. Ein Argument, das sich auch in unserer Deutung finden wird.

Wie immer es sich jedoch verhalten mag, ob die auf die Künstlerpersönlichkeit Mozarts bezogene Ansicht Aberts, die formal-ästhetische Waltershausens oder der Entwicklungsgedanke Friedrichs die Änderung herbeigeführt hat, jeder Standpunkt trägt einen Wahrheitsgehalt in sich. Und selbst bei Anerkennung der etwas äußerlich-oberflächlichen Bruch-Theorie Jahns steht das Resultat doch eindeutig fest: wie sich der

Handlungsverlauf der «Zauberflöte» nunmehr darstellt, ist er der einzig richtige und folgerechte. Er mag seinen Schöpfern nicht gleich von Anbeginn in voller Klarheit vor der Seele gestanden haben, und der Genius Mozarts mag Schikaneders Vorstellungen erst mit dem wahren Geistgehalt erfüllt haben. Denn alle namhaften Mozart-Forscher wie Abert, Schenk, Einstein, Paumgartner sind der einhelligen Auffassung, daß die Gestaltung des Zauberflöten-Textes die gemeinsame Arbeit Schikaneders und Mozarts darstellt. Aus Mozarts Briefen an seinen Vater erhellt eindringlich genug, *«wie gründlich er über die Textgestaltung seiner Opern nachgedacht und mit welch außerordentlicher dramaturgischer Kenntnis und Erfahrung er seine künstlerischen Anliegen vertreten und bei den Textdichtern durchgesetzt hat. Es ist daher undenkbar, daß er sich im Falle der ‹Zauberflöte› ein dummes oder gar ungeeignetes Libretto hätte aufdrängen lassen».* (7)

So mögen der sichere Instinkt des Genius, vielleicht auch gewisse äußere Umstände und ästhetisch-formale Überlegungen dazu beigetragen haben, die Schöpfer der «Zauberflöte» den rechten Weg zu leiten, um dem Werk die einzig richtige Form geben zu können, in der das in ihm verborgene «Mysterium» zum Aufscheinen kommt. Vielleicht kann unsere Betrachtung dadurch ein Erstling sein, daß sie jenes in der Oper verborgene und immer geahnte «Mysterium» zum Fundament ihrer Untersuchungen macht. Es soll versucht werden, Musik und Poesie mit den Erkenntnissen der Initiationswissenschaft zu durchleuchten, wie sie in exakter Weise von Rudolf Steiner dargestellt worden ist. Und die Hoffnung darf uns dabei beseelen, daß sich durch diesen Gesichtspunkt alle angeblichen Bruchstellen und Vertauschungen von selbst auflösen und sich aus diesen scheinbaren Widersprüchen ein folgerecht-fortschreitendes und völlig geistgemäßes Ganzes herausentwickelt.

Die textlichen Quellen der «Zauberflöte»

Zahlreich sind die «Vorbilder» und «Vorlagen», die von der Forschung aufgezählt werden und die dem Autor und Komponisten zu ihrem Werk angeblich gedient haben sollen. Da ist vor allem Wielands Märchensammlung «Dschinnistan» zu nennen, in deren Erzählungen man wichtige Motive der Oper vorgebildet wähnt, wobei die Fabel «Lulu oder die Zauberflöte», die der Oper den Namen gab und in deren Hauptgestalten man jene des Mozartschen Werkes wiederzuerkennen glaubt, nur eine unter mehreren ist. Man verweist ferner auf die Alt-Wiener Volkskomödie mit ihren Kasperliaden, in der man die Papageno-Gestalt verwurzelt sieht, und schließlich führt man Terrassons «Sethos-Roman» mit seinem Ideengut der Freimaurerei als wichtige Quelle an. Sogar Shakespeares «Sturm» wird herangezogen, und man will Analogien sehen zwischen Prospero und Sarastro, Miranda und Pamina, Fernando und Tamino; sieht in Monostatos den Caliban und in Papageno den Trinculo. Eine genaue Zusammenstellung aller vermeintlichen Quellen bringt die äußerst übersichtliche Darstellung von Thilo Cornelissen *(7)*, auf die wir den interessierten Leser in diesem Zusammenhang verweisen. Doch scheint es uns müßig, in unserer Betrachtung alle die möglichen Vorbilder namentlich anzuführen, denn würde man das diesbezügliche Forschungsresultat wörtlich verstehen wollen, dann hätte sich Mozarts und Schikaneders Arbeit am Textbuch der «Zauberflöte» in den Worten Faustens an seinen Famulus erschöpfen müssen:

«Sitzt ihr nur immer! Leimt zusammen,
Braut ein Ragout von andrer Schmaus.»

So ist es nicht, trotzdem zahllose Parallelen vorhanden sind und gewiß eine oder die andere Vorlage als Anregung gedient haben mag. Aber die Zauberflöten-Handlung wurde daraus nicht zusammengekleistert. Vielmehr sind all diese vielen, immer wiederkehrenden Motive vom «verirrten Prinzen», der «geraubten Prinzessin», vom «Läuterungsweg» mit seinen schweren «Prüfungen» usw. der Niederschlag eines überzeitlichen Inspirationsquells. In unerschöpflichen Varianten werden diese dramatischen «Topoi», diese urbildlichen Konfigurationen, die sich stets auf den höheren Wesenskern des Menschen beziehen, von den Künstlern aller Völker immer wieder aufgegriffen.

Die «Zauberflöte» ist ursprünglich wie das Goethesche «Märchen» oder Shakespeares «Sturm». Unsere Neigung, alles zu kategorisieren, hat die richtige Bewertung der schöpferischen Phantasie des Künstlers weitgehend verloren und übersieht, daß künstlerisches Schaffen stets eine völlige Neuschöpfung aus dem Nichts heraus sein muß. Daß ein wahres Kunstwerk immer auf Quellen zurückgehen muß, die nicht im Irdischen zu finden sind, sondern in einer lebendigen Welt der Imaginationen urständen; im Reich der «Mütter», der «Urpflanze», usw., wo sich «Gestaltung» und «Umgestaltung» vollziehen.

Von dieser Perspektive aus ist auch der historische Standort Mozarts zu verstehen. Daß manche der heutigen Auslegungen das Genie immer bloß als Produkt seines Jahrhunderts zu erklären versuchen, ist Unkenntnis, wenn nicht bewußte Mißachtung der Realität des Geistes und des schöpferischen Genius. Denn nicht das Jahrhundert prägt seine Söhne, sondern es ist umgekehrt: die Söhne prägen den Geist ihres Jahrhunderts. Wenn wir schon nach einem allgemeinen und umfassenden Quellpunkt suchen, der einem bestimmten Jahrhundert eine bestimmte kulturelle Physiognomik verleiht, so kann dies immer nur ein geistiger Inspirationsquell sein, der die aufgeschlossensten Seelen befruchtet. Erfüllt von den Intentionen und Zielsetzungen, die durch Kunst, durch Bilder, Worte, Klänge oder philosophische Gedanken den Geist einer bestimmten Epoche prägen sollen, steigt die Individualität in ihre Erdeninkarnation hinab. Und wir fassen dann dieses «Gewordene» im historischen Rückblick begrifflich unter einer bestimmten Stilart oder Weltanschauung zusammen. Wir müssen daher sagen: nicht jenes Humanitäts-Ideal, das wir nominalistisch als Geist des 18. Jahrhunderts ansprechen, hat die «Zauberflöte» gestaltet, sondern Mozarts Werk ist eines jener großen Vermächtnisse, die den humanistischen Geist dieses Jahrhunderts mitgeprägt haben.

Unsere Betrachtung der «Zauberflöte» soll daher auch eine ursprüngliche sein, d.h. frei sein von allen behaupteten «Entlehnungen»; für sich stehend und für sich allein sprechend. Daß Goethe über das Textbuch der «Zauberflöte» das Urteil fällen konnte: *«Es gehört mehr Bildung dazu, den Wert dieses Opernbuches zu erkennen, als ihn abzuleugnen»*, ist ohne Zweifel das Verdienst Mozarts, das uns veranlaßt, in unserer Darstellung das Wort nicht von der Musik zu trennen, Text und Musik vielmehr gleichzeitig zu betrachten und die scheinbar so widerspruchsvollen Ereignisse mit Hilfe geisteswissenschaftlicher Erkenntnisse aufzuschlüsseln. Ohne die Arbeit Schikaneders damit schmälern zu wollen, sieht unsere Betrachtung das Mysterienspiel «Die Zauberflöte» als ein ähnliches letztes, musikalisch-poetisches Vermächtnis Mozarts an die Menschheit an, wie es Goethes Faust-Drama ein vom Wort getragenes darstellt.

Was die Form unserer Darstellung betrifft, so wird die Szenenfolge selbst die Struktur bilden. Eine Formgestaltung, die dem Leser ein folgerechter Führer durch das Werk sein kann und die sich dem Autor bereits durch seine Arbeiten an den Musikdramen Richard Wagners – «Vom Ring zum Gral» – und an Goethes «Faust» als zielführend erwiesen hat.

Da sie nur wenige Tage vor der Uraufführung entstanden ist, dürfen wir in ihr den mit der Objektivität klassischer Instrumentalmusik wiedergegebenen Ideengehalt der Oper sehen.

In ein weihevolles Es-Dur gestellt, hebt nach Art einer «Französischen Ouverture», mit drei feierlichen Akkordfolgen, die Adagio-Einleitung an. Der zweite und dritte Akkordstoß erhält durch einen Sechzehntel-Auftakt jambischen Rhythmus. Dieser Klangfuß ist für das ganze Werk von Bedeutung.

Rudolf Steiner charakterisiert den Jambus als das Versmaß des Stildramas, dem das Streben nach Verinnerlichung eigen ist. Stil ist dann gegeben, wenn ein Gedanke, oder wie in unserem Fall: ein rhythmisches Motiv, kontinuierlich durchgeführt wird, wobei die Ausdrucksmittel, wie etwa der Rhythmus, der vokalische oder konsonantische Akzent der Sprache, der lyrische, epische oder dramatische Empfindungsgehalt, usw., dem gedanklichen Inhalt eine ihm gemäße Gestaltung geben.

Der Jambus ist nun ein Versmaß, das *«im ganzen Sprachorganismus des Menschen den Übergang hinüber zum Stil herausfordert, ja, sogar in gewisser Beziehung zum Lyrischen des Stils, jedenfalls aber den Weg hinüber zum Künstlerischen». (8)* Während der Hexameter hinüberleitet zum guten Prosa-Sprechen, ist der Alexandriner mit seiner in der Regel sechs Jamben umfassenden Metrik gut geeignet für das eigentliche poetische Sprechen. Der *«empfindende Dichter»* wird daher den Jambus bevorzugen, weil er es ihm ermöglicht, *«die Wirklichkeit, den Realismus des Daseins richtig poetisch zu behandeln». (8)* Der Jambus trägt in die Sphäre des Fühlens. Goethe hat dies in einem Brief an Zelter wunderschön ausgesprochen:

«Ein sich'rer Geist erhebt es von der Erden,
Das leise Wort, es kann nicht stille stehn,
Zu klaren Tönen muß die Rede werden,
Die, wie des Herzens Takt, zum Herzen gehn.»

Im Gegensatz dazu spricht Diomedes von der Bedeutung der Jambik für die Wett- und Waffenkämpfe und nennt sie den *«Schrittgesang»,* da die Phalanx der Kämpfer *«im gemeinsamen Schritt»* vordrang und dabei einen *«melum iambicum», (9)* d.h. einen jambischen Gesang anstimmte.

In ihren Ursprüngen aber geht die Jambik, wie die meisten griechischen Versmaße, auf den Götterkult, namentlich den Demeter-Kult zurück. (Iambe war die Magd der Demeter.)

Alle drei Aspekte – der kultische, kämpferische und verseelichende – stehen trotz ihrer Unterschiedlichkeit mit der Dramenhandlung in Beziehung. Denn ein «schrittweiser Kampf» mit der eigenen Wesensnatur ist Taminos Weg zu den «Göttern» und damit zu sich selbst, zu seiner seelisch-geistigen «Innerlichkeit». Daher dürfen wir diesen gleich zu Beginn auftönenden Klangfuß als den Grundrhythmus des Werkes ansprechen. In zahlreichen melodischen Gestaltungen werden wir ihm immer wieder begegnen und ihn unschwer als «Initiations-Rhythmus» erkennen.

Diesem rhythmischen Element stellt sich wesensgleich die Harmonie zur Seite. Der dunkeltönige, feierliche Glanz der Es-Dur-Tonart ist wie der Goldgrund auf alten Ikonen, aus deren Transzendenz sich die Erscheinungswelt herauslöste und zur Sichtbarkeit verdichtete. Wie oft doch ertönt in den Werken der Meister dieses Es-Dur, wenn es gilt, Kämpferisch-Heroisches, göttliche Schöpfungs-Urbeginne oder weihevolle Innerlichkeit zum Ausdruck zu bringen. Wir denken etwa an Beethovens «Eroica», an die «Uranfänge» in den ersten Takten von Wagners «Rheingold-Kosmogonie», an den Schöpfungsruf der Quinte zu Beginn von Bruckners vierter Symphonie oder an das Gebet des Königs in Wagners «Lohengrin». So liegt auch in diesen ersten Akkorden der Zauberflöten-Ouverture der Ernst einer überirdischen Weihe, und wir werden recht vermuten, wenn wir sie mit dem Priestertum Sarastros in Verbindung setzen.

Doch mischen sich in diesen warmen Glanz bald düstere Schatten. Schon die Ausweichung des zweiten Akkord-Stoßes nach der VI. Stufe von Es-Dur, dem c-Moll-Klang, bereitet sie vor. Die schmerzlich anmutenden Vorhalte, die dem dritten Erklingen des Initiations-Rhythmus nachfolgen, drohen dieses c-Moll endgültig heraufzubeschwören.

Im Augenblick der ausweglosesten Finsternis jedoch, wenn sich im vorletzten Takt des Adagios die Harmonien zu einem verminderten Septimenakkord der Wechseldominante (II. Stufe von Es-Dur) zusammenpressen, öffnet ein nachfolgender Dominant-Akkord erneut das Tor zu einem ungetrübten Es-Dur.

Der nunmehr beginnende Hauptsatz der Ouverture, ein Allegro, bringt eine vollständige vierstimmige Fugen-Exposition. Das bedeutet, daß sich nunmehr nach und nach, einstimmig beginnend, das

Thema mit seiner melodischen Linie in diese Es-Dur-Harmonie einprägt. Was zu Beginn als akkordliche Ganzheit auftönte, formt sich jetzt zu individueller Melodik. Diese Korrespondenz zwischen Adagio- und Allegrobeginn wird durch den Umstand erhärtet, daß die ersten Töne der ersten drei Allegro-Takte wieder den Es-Dur-Klang ergeben.

Für diese melodische Individualisierung ist auch die Intervallik des Allegro-Themas sprechend. Von dem in pochenden Achtelrhythmen aufklingenden Grundton «es» schwingt sich die Melodie im zweiten Takt zur Quinte empor, findet im dritten mit einem ähnlichen Sechzehntel-Schwung seine Mitte in der Terz, um von ihr aus in auf- und absteigenden Quartschritten diese Mitte in Schwebe zu halten, bis im Sopran der ersten Violinen der zweite Themeneinsatz auf der Quinte erfolgt. Im Zurückblicken auf die Es-Dur-Akkordik des Ouverturen-Beginnes kann einem der von schweren Vorhalten erfüllte Weg des Adagios wie ein Hindurchringen zu jenem, nunmehr individuell geformten Es-Dur anmuten.

So übernimmt dieses Adagio gleichzeitig die Funktion eines Fugen-Präludiums, dessen Aufgabe es ist, den harmonischen Raum abzugrenzen, aus dem heraus sich das Thema gestaltet. Damit ist das Wesen der Fuge bereits charakterisiert. Durch jede künstlerische Formgestaltung bringt sich ein geistiger Gehalt zur Erscheinung; ein Geistgehalt, der selbst wiederum Aussage der menschlichen Wesenheit ist. In den musikalischen Formgestaltungen spricht sich nun in besonderer Unmittelbarkeit das Ich des Menschen aus, wie es sich in der Seele erlebt. Und in der Fugen-Form im besonderen spricht dieses Ich von seinem Herabstieg aus geistigen, pränatalen Welten. Das Geboren-Werden einer «tönenden Entelechie» in der Stofflichkeit des Klanges ist das Geheimnis der Fuge. In diesem Zusammenhang darf auf die Arbeit des Autors «Die seelenbildenden Kräfte der Musik» verwiesen werden, in der sowohl der Wesensgehalt der Fugen- wie der Sonatenform eine ausführliche Darstellung findet. (10)

Das Anliegen der klassischen Sonatenform dagegen resultiert vor allem aus harmonischen Kriterien. Geht es doch um die Erringung der Tonika, um das harmonische Fundament, auf das sich die Themen des Sonatensatzes gründen sollen. Dieses Fundament ist keineswegs etwas von Anbeginn Gegebenes. Wohl bekundet das Hauptthema seinen Willen zu diesem Fundament, indem es sich gleich bei seinem ersten Erklingen darauf aufbaut und die Tonika behauptet. Doch geht diese bereits dem Seitensatz verloren, und in der Durchführung, dem der Exposition folgenden zweiten Abschnitt der Sonatenform, wird offenbar, daß dieses Fundament nur als Mitte von zwei sich entgegenstehenden Kraftzügen gewonnen werden kann. Als Mitte zwischen den Ober- und Unterdominant-Bereichen, deren Dynamik das gesamte harmonische Feld der Dur–Moll-Tonalität in zwei polare Kraftzentren – ein zentrifugales und ein zentripetales – spaltet. Erst mit der Reprise, dem dritten Abschnitt der Sonatenform, ist daher diese Mitte realisiert, die Tonika errungen. So wird die Sonate zu einem tönenden Gleichnis des Erdenweges, den das menschliche Ich zu gehen hat; klingendes Symbol für sein Hineingeworfen-Sein in den Zwiespalt von Geist und Materie.

Mozart verbindet nun in der Zauberflöten-Ouverture beide Formen miteinander. Während der Hauptsatz eine Fuge exponiert und streng polyphone Struktur aufweist, steht der Seitensatz ganz auf dem Boden der klassischen Sonaten-Homophonie. In unsere spirituelle Formperspektive übertragen heißt dies, daß dieses Ringen um die Tonika gleichzeitig das Geburts-Geschehen der Fuge darstellt. Das Finden des reinen Es-Dur ist das, was «geboren» werden soll.

Damit aber spricht sich auf instrumentalem Felde bereits der Leitgedanke des ganzen Werkes aus. Denn dem Suchen und Finden dieses reinen «Es-Dur» in seiner Seele wird Taminos ganzes Streben gewidmet sein. Dazu kommen die charakteristischen Quart-Schritte des Fugenthemas als ein weiteres, beredtes Zeugnis. Ist die Quarte doch jenes Intervall, das uns mit seiner Dynamik zur Wachheit, zur Aufmerksamkeit und Bewußtseinserweiterung aufruft.

Der instrumentalen Dramatik der Ouverture entsprechend wird daher das Es-Dur Taminos Weg begleiten. Ein gewaltiger Bogen wölbt sich von der Ouverture hinüber zu jenem schwersten Augenblick seines Prüfungsweges, da ihm in einem drohenden c-Moll, mit ähnlichen schweren Vorhalten und gleich eindringlicher Kontrapunktik belastet, die beiden «Geharnischten» von den «Schreckenspforten» künden werden, deren Schwellen-Hüter sie sind.

«Der, welcher wandelt diese Straße voll Beschwerden,
Wird rein durch Feuer, Wasser, Luft und Erden.»

Der «schmale Pfad» dieser strengen Kontrapunktik, wie ihn das Fugato der Ouverture aufweist, erhellt uns damit seinen dramatischen Sinn: er ist ein «Gradus ad parnassum», ein Weg, schmal und scharf wie des «Messers Schneide»; der Initiations-Weg Taminos, der Weg des Menschen zu seinem höheren Selbst.

Rauhe Felsengegend

Schon der Name Tamino zeigt den menschheitlichen Aspekt auf, in welchen das Drama seinen Helden hineinstellt. Die dem Autor zugänglichen Ergebnisse der Mozart-Forschung geben keinen Hinweis, welche Quelle die Schöpfer der «Zauberflöte» für die Namen ihrer Gestalten benützt haben. Wir wollen daher auch in bezug auf die Namensgebung der Personen eine Ursprünglichkeit sehen und an Stelle des «Woher» lieber nach ihrer «Bedeutung» fragen.

Eine spirituelle Etymologie kann in dem Namen «Tamino» unschwer ein Urwort erkennen, wie es bereits in der alten atlantischen Zeit lebendig war: TAO. Was besagt diese Urformung menschlicher Sprache?

«Nicht in vernunftmäßigen Begriffen erhob der Atlantier sich zu seinem Gott, sondern er spürte den Grundakkord der Gottheit in der Natur; er atmete gleichsam seinen Gott aus und ein. – Wenn man aussprechen wollte, was man hörte, so faßte man dies zusammen in einem Laut, ähnlich dem chinesischen ‹Tao›.» (11)

Durch den Führungslaut T drückt sich ein Göttliches aus, wie es von außen von der Peripherie als ein geistiger Atemstrom an den Menschen herankommt.

«Im T tritt der Gott, das Göttliche in die sichtbare Gestalt, so daß der alte Atlantier darauf deuten konnte: ‹das›. Dieses ‹Das›, auf das er deuten konnte, war für ihn der große Geist.» (12)

Der Vokal A war nach dieser geisteswissenschaftlichen Forschung der alte Laut des Ich, während im O-Laut das Umgreifende, Abschließende zum Ausdruck kommt. Zusammengefaßt ergibt sich demnach: *«Das Testat des sich selbst demonstrierenden Gottes = T; das göttliche Ich = A; das zur Form Drängende, eine Hülle Bildende = O.» (12)* In diesem Sinne übersetzt Rudolf Steiner dieses Urwort als das Göttliche: *«Das bin Ich.»*

In seinem Ton-Eurythmie-Kurs *(13)* hat er auch die Intonation dieses Wortes angegeben, die dem Lauterlebnis des atlantischen Menschen entsprechen würde. Dieser Angabe zufolge entspräche dem T der

Ton h, dem A der gleichnamige Ton und dem O das um eine Quinte unter dem h liegende e. Dazu käme noch ein d, in welchem der Strom des Melos zur Ruhe kommt.

Für uns ist diese Tonfolge h–a–e – abwärts gelesen – insoferne von Wichtigkeit, weil sie genau jene Intervallschritte umfaßt, aus denen das Hauptthema der Ouverture, das Fugenthema, gebildet ist: die Quinte es–b, die Quarte g–c bzw. f–b und das die beiden Quartschritte in der Schwebe haltende Sekund-Intervall: f–g.

Wie verhält es sich aber nun mit den anderen Lauten im Namen «Tamino»? Der Buchstabe «M» heißt im Alphabet des Wulfila *«Manna»,* was der angelsächsischen Rune *«Man»,* dem altindischen *«mánu»* entspricht und auf den Menschen verweist. Das «M» ist der Mensch, während der eingefügte I-Laut den Akt seiner Selbstbehauptung dokumentiert. Die Buchstabenfolge spiegelt somit die Ich-Werdung des Menschen aus seiner göttlichen Ebenbildschaft heraus; oder im Sinne des Märchens gesprochen: in seiner «königlichen Abstammung» als Prinz. Zwischen diesem Akt der Selbstbehauptung, dem I- und dem O-Laut, der diesen Prozeß zum Abschluß bringt, steht als einzigartiges Zeugnis für die Weisheit des mythischen Bewußtseins das «N». Bei Wulfila mit *«Noitz»,* als nordischer Runenlaut mit *«Naudh»* benannt, weist dieser Konsonant auf Not, Flucht, auf Verbannung und Elend, wie dies im angelsächsischen *«Nead»* und im hebräischen *«nod» (nvd)* ebenfalls zum Ausdruck kommt. Es ist jene Not, die mit der menschlichen Ich-Werdung verbunden ist, mit jenem Zu-sich-selbst-Kommen, das nur durch «Verbannung», durch «Sonderung» und «Abkapselung» von der göttlichen, all-umfassenden Ich-Sphäre möglich ist.

So sehen wir uns durch die Deutung des Namens unmittelbar in das dramatische Geschehen gestellt. Taminos Weg beginnt in Not und Flucht, umdroht von einem finsteren c-Moll. Was sich als VI. Stufe von

Es-Dur im zweiten Akkord-Stoß und in der Vorhaltsmelodik des Adagios bereits schmerzvoll angekündigt hat, ist nunmehr realisiert:

«Zu Hilfe! Zu Hilfe! Sonst bin ich verloren,
Der listigen Schlange zum Opfer erkoren.»

In abgehackten Sekundfolgen, über eine chromatisch ansteigende Baßlinie sich näher windend, zeichnet die musikalische Gebärde das Heranschlängeln des Ungeheuers nach. Mozarts Feder war es, die aus Schikaneders «grimmen Löwen» die «listige Schlange» gemacht hat und damit Zeugnis ablegte von der Exaktheit der künstlerischen Phantasie. Denn ein Prinz, für dessen Name der «Löwen-Laut» T Ausgangs- und Quellpunkt ist, dessen Wesen also erfüllt ist von jener kosmischen Löwenkraft, zittert nicht vor einem «grimmen Löwen», den er längst in sich verwandelt hat.

Aber die «listige Schlange» war es, die am Anfang der Ich-Werdung stand und dem Menschen «Not» und «Verbannung» brachte. Seither ist sie mit der Menschen-Natur eng verbunden. Gerade dieses ist es, was Tamino gewahr werden muß.

Es heißt, Tamino hätte sich während der Jagd verirrt. Unbewußt geriet er in das Reich der «Königin der Nacht». Wo es im Mythos Nacht wird, öffnet sich die Sphäre des Seelisch-Unbewußten. Tamino steht also an einer Bewußtseins-Schwelle. Sein Jagd-Eifer führte ihn in ein Bereich, das normalerweise dem Bewußtsein entzogen ist.

Wiederholt greift Dichtkunst und Märchenpoesie zum Bild der Jagd, um eine in den Wesensschichten des Menschen sich vollziehende Lockerung zu symbolisieren. Man denke an Goethes «Novelle», an den Beginn seiner «Natürlichen Tochter», an die Berta–Rudenz-Begegnung in Schillers «Wilhelm Tell» oder an Hoffmannsthals «Frau ohne Schatten». Diese in das Bild der Jagdlust gekleidete Lockerung der Wesensglieder ist immer auf die Gewinnung eines ethischen Schwerpunktes gerichtet, auf Überwindung eines Niederen durch ein Höheres.

Auf diesem Hintergrund haben wir Taminos erste Begegnung mit jenem drachenartigen Ungeheuer zu verstehen. Das mythische Bewußtsein kleidet unsere niederen, von den widergöttlichen Mächten verdorbenen Wesensschichten sehr oft in das Bild eines schlangenartigen Wurmes. Dieser seiner eigenen Wesensschicht wird Tamino an dieser «Schwelle» ansichtig.

Stellen wir uns auf den Boden des Initiaten-Bewußtseins, dann dürfen wir diese Bilder nicht bloß als Projektionen von «Archetypen eines Kollektiv-Unbewußten» (C. G. Jung) verstehen, sondern müssen sie in ihrer vollen, wesenhaften Realität erkennen. Bei dieser «Selbstbegegnung» an der Bewußtseinsschwelle verliert der Mensch sein menschliches Antlitz. Der Mythos und die okkulte Symbolik gebrauchte für diese Selbstbegegnung gewisse Bilder; und das Bild für die von Begierden und Trieben korrumpierten unterschwelligen Seelengründe war stets der Drache, der wilde Wurm oder ein ähnliches Ungetier. Man denke an Siegfrieds Kampf mit dem giftige Dämpfe speienden Drachen, an Herakles' Sieg über das vielköpfige lernäische Ungeheuer oder an Apollos Überwindung der Python-Schlange. In gleicher Weise hat auch die religiöse Symbolik stets darauf verwiesen, *«daß zu dem Menschen auch ein wilder Wurm gehört» (14),* der Ausdruck ist für die Wirkenskraft Luzifers und die damit verbundenen Folgen des Sündenfalls; eine zunächst ungeheuer herabstimmende, furchtbare Erfahrung, die erkennen läßt, wie die korrumpierte und egoisierte Astralität des Menschen in unterste Tierbereiche hinabgestürzt ist.

Wir haben diese Tamino bedrohende «Schlange» daher in zweifacher Weise zu sehen: als eine objektiv kosmische Wirkenskraft und als eine in unserem eigenen Seelenbereich wesende. Dem Seelischen im Innern entspricht immer ein Seelisches im Makrokosmos. Die «anima hominis» und die «anima mundi» – Menschenseele und Weltenseele – stehen in Korrespondenz, denn es herrscht eine Wechselbeziehung zwischen dem mikro- und makrokosmischen Astralbereich. «Astra» heißt Stern, und wir stehen im Reich der «Sternflammenden Königin». In dieser Sphäre walten unmittelbar und in höchster Intensität Mondenwirksamkeiten. Mit ihnen haben wir nicht so sehr jene physischen Verursachungen im Auge, die auch der Astronomie kein Geheimnis sind, wie etwa den Gezeiten-Wechsel, sondern jene okkulten, kosmischen Wirksamkeiten, die an der Ausbildung des menschlichen Astralleibes, des Nerven-Sinnessystems und damit an der Heranbildung unseres an das physische Gehirnorgan gebundenen Denkens beteiligt sind. In archaischen Zeiten gaben sie dem Menschen jenes dumpfe Bilder-Bewußtsein, dessen Reminiszenz wir heute noch in den Traumbildern erleben können. Wirkt die Mondenkraft doch auch heute noch auf den Schlaf des Menschen und macht ihn mitunter sogar zum Schlafwandler.

Mit der Mondensphäre ist aber auch der Vital-Pol der menschlichen Wesenheit in enger Verbindung. Die durch den Erbstrom gehende Erdennatur des Menschen ist in dieser Sphäre verwurzelt. Fruchtbarkeitskräfte sind Mondenkräfte. Und in dem Maße, als die Seele an den Leib gebunden ist, unterliegt auch sie den Mondenwirksamkeiten.

Das esoterische Bewußtsein hat die Mondenkräfte immer als weiblich empfunden. In reinster Form wurden sie im alten Ägypten als Göttin Isis verehrt; während die Sonnen-Wirksamkeiten als das ichhaft geistige Prinzip in Osiris erlebt wurden.

In ihrer luziferischen Korrumpierung, gleichsam als die von Luzifer «getötete Isis-Sophia», eine von selbstsüchtigen Begehrungen erfüllte «Weltenseele», können wir die Gestalt der «Königin der Nacht» verstehen.

Und dieses Verstehen kann uns sagen, daß auch die Erkenntnisse, die Tamino in diesem Bereich gewinnen wird, nicht die letzten Wahrheiten sein können, sondern bereits unbewußte Prüfungen darstellen, die es zu bestehen und bewußt zu ergreifen gilt. Handelt es sich letztlich doch um das Gewahrwerden luziferischer Einwirkungen in die Erden- und Menschheitsentwicklung. In einem Wahrspruchwort Rudolf Steiners wird dies mit den Worten aufgezeigt:

«Isis-Sophia,
Des Gottes Weisheit,
Sie hat Luzifer getötet
Und auf der Weltenkräfte Schwingen
In Raumesweiten fortgetragen ...» (15)

Das Hinschwinden «der göttlichen Weisheit» und die «Wurmgestalt», in der sich der Mensch zunächst erkennen muß, sie haben dieselbe geistige Wirkenskraft als Urheber: Luzifer.

Vorerst freilich ist Tamino weit entfernt, diese dunklen Geheimnisse zu durchschauen; vielmehr schwindet ihm beim Ansichtig-Werden des Drachen, seines eigenen korrumpierten Seelenteiles, das Bewußtsein. Ohnmacht bedeutet eine noch intensivere Lockerung der Leibesglieder, als sie der gewöhnliche Schlaf bewirkt, da sich durch sie auch ein Teil des ätherischen Leibes vom physischen Leib löst. Durch die Ohnmacht sind wir somit auf das leibfreie Erlebnis verwiesen, das Tamino, vorerst noch unbewußt, zuteil wird.

Die zu Taminos Rettung herbeieilenden drei weiblichen Wesen müssen wir ebenfalls in dieser Wechselbeziehung zwischen Mikrokosmos und Makrokosmos sehen. Die «drei Damen» sind einerseits Dienerinnen der «Sternflammenden Königin», also kosmische, dienende Wesen der Mondensphäre, andererseits aber auch Seelenkräfte Taminos. Kräfte, die sich durch ihre seelische Natur wohl über die leibliche Sinnesnatur erheben, die aber doch gleichzeitig an diese Leibesnatur gebunden sind, wie es die Seele des Menschen ja auch ist. Jeder Mensch trägt diese «drei Damen» als seine dreifache Seelenfähigkeit von «Denken», «Fühlen» und «Wollen» in sich, die sich jedoch durch ihre zweifache Verwurzelung sowohl in der Menschen- wie in der Weltenseele gleichzeitig als Wesen darstellen, welche die Verbindung der menschlichen Seelenkräfte mit dem Kosmos vermitteln. In ihrer Gebundenheit an die menschliche Seele sind sie ebenso auch Dienerinnen der «Nächtigen Königin», d.h. ausführende Wesen einer von Mondenkräften beherrschten Astralität.

Dieses nach zwei Richtungen hin wirkende und daher zwiespältige Wesen der «drei Damen» können wir an der musikalischen Gestaltung anschaulich erleben. Zunächst ist es der Trugschluß nach As, der Tamino aus der Finsternis des ihn bedrohenden c-Moll befreit, und mit seiner harmonischen Auflichtung das durch die Ohnmacht bewirkte Freiwerden der höheren Wesensglieder wirkungsvoll unterstreicht. Dieser As-Dur-Klang ist die VI. Stufe in c-Moll, gleichzeitig aber auch die Subdominante (IV. Stufe) von Es-Dur. Und wenn unmittelbar nach der Überwindung der «Schlange» der Triumphgesang der drei Damen anhebt, bewegen sich die Stimmen in reinem Es-Dur:

«Triumph! Triumph! Sie ist vollbracht,
Die Heldentat. Er ist befreit
Durch unsres Armes Tapferkeit.»

Jenseits ihres tagwachen Bewußtseins jubelt die Seele über ihren Sieg, denn insoferne die drei Damen gleichzeitig in Taminos Seele wirken, ist er es selbst, d.h. die Stärke seines ihm noch unbewußten Ich, das die Schlange überwunden hat. Deshalb auch die prophetische Vorwegnahme des Es-Dur.

Dieser Sieg einer höheren Wesensschicht über eine niedere löst aber auch gleichzeitig den eingangs erwähnten Widerspruch, den v. Waltershausen glaubt annehmen zu müssen, indem er meint, die drei Damen seien ursprünglich gute Feen gewesen. Da es sich bei der Überwindung der «Schlange» um ein Hereinstrahlen von Taminos Ich-Kraft in die

Seele handelt, ist nichts über die Qualität der Sphäre, der die drei Dienerinnen trotzdem verbunden sind, ausgesagt. Die musikalischen Ereignisse machen dies im Folgenden deutlich.

Noch bleibt während ihrer Lobpreisungen über den «holden Jüngling» das Es-Dur ungetrübt erhalten. In dem Augenblick jedoch, in dem sich in ihre Bewunderung und Freude ein selbstsüchtiges Element einschleicht, wo die dreifältige Seelensphäre ihre Gleichgestimmtheit verliert und sich in eine begehrende Dreiheit zerspaltet, wo sich also – um im Bilde der Handlung zu sprechen, die drei Damen gegenseitig fortschicken, um Tamino *für sich* haben zu können, trübt sich das Es-Dur, tendiert zurück nach c-Moll, um schließlich in ein zwar heiter-bewegtes, aber doch sehr oberflächlich-glänzendes G-Dur, die Dominant-Tonart von c-Moll, zu münden. In ihr entfaltet sich das Wunschverlangen der Seele zwar mit Grazie, aber doch mit irdischer Begehrlichkeit.

Von seiner *spirituellen* Qualität her gesehen, täuscht dieses G-Dur durch seine Dominant-Funktion von c-Moll aber nur etwas vor, was es gar nicht ist. Es scheint ein G-Dur zu sein und übergleißt durch dieses falsche Scheinen die Düsternis von c-Moll, dem es aber in Wahrheit angehört. Die Intensität dieses trügerischen Glanzes erreicht ihren Höhepunkt, wenn das Terzett der Stimmen in seinem Schlußteil in die C-Dur-Harmonie tritt. Vom äußeren Klang-Geschehen her betrachtet, darf man wohl von einer Modulation nach C-Dur sprechen. Dem qualitativen Harmonie-Erleben jedoch stellt auch sie sich als bloßes Scheingeschehen dar, haben wir das vorangehende G-Dur doch als Dominante von c-Moll erkannt. Die Dominant-Funktion dieses G-Dur ist nirgends widerrufen. Damit entpuppt sich die ganze Modulation als ein überdimensionierter Dominant-Abschnitt eines c-Moll, der jedoch durch seine Dauer den Eindruck des Moll vergessen macht und sich plötzlich als Dominante von C-Dur ausgibt, was sie ihrer qualitativen Herkunft nach aber in Wahrheit gar nicht ist. Von einer wirklichen Verwandlung und Durchlichtung des ursprünglichen c-Moll kann daher nicht gesprochen werden. Nirgends findet sich der Punkt in dieser Modulation, der jenes «Stirb und Werde» erkennen ließe, ohne den keine echte Verwandlung möglich ist: Jener Augenblick völligen Erlöschens, wie ihn etwa Beethoven in seiner fünften Symphonie, Brahms in seiner ersten durchschreitet und der die Verwandlung zu einer Auferstehung macht. Vielmehr haben wir es hier – immer spirituell-qualitativ erlebt – mit einem c-Moll zu tun, das durch «falschen Schein», durch ein luziferisches «Eigenlicht» zum Dur-Glanz aufgehellt wird.

Mit Taminos Erwachen ist jede Spur des im Ohnmachtsschlaf erlebten Es-Dur geschwunden. Damit scheint ihm verlorengegangen, was er unbewußt erleben konnte. Doch der Schein trügt. Denn Taminos Erwachen ist ja kein Erwachen zur irdischen Tageswelt, wie uns die folgenden Ereignisse leicht erkennen lassen. Das Schwinden seiner Ohnmacht bedeutet vielmehr ein Aufwachen zur Mondensphäre, also zu einem bewußten Erleben einer überphysischen, seelischen Welt.

Wir haben bei diesem Prozeß der Bewußtseinserweiterung die einzelnen Phasen genau zu unterscheiden. Das Bild der «Jagd» verwies uns auf den Beginn dieses Lockerungsvorganges. Mit wachem Tagesbewußtsein «verirrte» sich Tamino in die Nachtbereiche des «Unbewußten» der Mondensphäre. Dort wurde ihm als erstes Erlebnis die Begegnung mit der «Schlange», dem ungeschminkten Bild seines eigenen, durch Luzifer korrumpierten Seelenbereiches. Dieser Begegnung hielt er nicht stand; er stürzte in Ohnmacht. Das in dieser Bewußtlosigkeit aufklingende Es-Dur bei der Überwindung des Ungeheuers kündete von seinem höheren und wahren Ich, wir könnten auch sagen, seinem Genius, der mit seinen Kräften hereinstrahlte in seine Seele und die wahren Zusammenhänge offenbar werden ließ. Bei seinem nunmehrigen Erwachen verdunkelt sich allerdings zunächst diese hohe Inspiration, dafür aber lebt er sich bewußter und bewußter in die Mondensphäre hinein. Das Wahrnehmen im Übersinnlichen vollzieht sich nämlich anders als im irdischen Dasein. Im Diesseits überschaut unser Auge mit einem Blick alles, was der Horizont umschließt. Jenseits der Schwelle jedoch ist Schauen ein Prozeß. Allmählich nur differenziert sich die geistige Umwelt, indem das

Seelen-Auge immer nur das wahrzunehmen imstande ist, wozu ihm die Bewußtseinsreife die nötigen Kräfte verleiht. So kann Tamino auch nicht sofort die drei Damen erblicken. Was ihm in seiner nunmehrigen Wachheit zunächst begegnet, ist Papageno.

Auch dieser Name offenbart uns etwas von dem Wesen, das ihn trägt. Die Benennung Pè ist für unseren Buchstaben «P» die älteste Bezeichnung. Sie stammt aus dem Semitischen, und ihre Begriffsbedeutung ist der «Mund». *«Der abgeschlossene Raum des Mundes als die Formpotenz des Wortes, die es begrenzt und bildet, ist das P.» (12)*

Diese *«Formpotenz des Wortes»* steht im Namen «Papageno» allerdings in engster Beziehung zum Wesen des G-Lautes, und um diese Formkraft des Wortes in diesem speziellen Fall richtig zu erkennen, betrachten wir kurz den Konsonanten G.

Das G *«ist in seiner involvierenden Form»* – es ist ja ein Gaumenlaut – *«ein typischer Ausdruck des Ego. Im Bild des ‹Igels›, der nach innen sich zusammenrollt, nach außen seine Stacheln zeigend, ist der G-Laut dargestellt.» (12)* Der Gaumenlaut G strebt hin *«auf innerliches Sich-Befestigen.» (16)* Wobei dieses Sich-Befestigen sowohl in bezug auf die Seelenkräfte als auch im Sinne eines festen Ergreifens der physischen Leibeskonstitution zu verstehen ist.

Diese Verbindung zum Ego wird durch das einem Hahne gleichende Erscheinungsbild Papagenos unterstrichen. Das mythenbildende Bewußtsein mit seiner Imaginationskraft greift wiederholt zum Bild des Hahnes, wenn es gilt, das Erden-Ich zu symbolisieren. Auch die Verleugnung des Herrn durch Petrus stand unter dem Zeichen des krähenden Hahnes.

Der G-Laut, der in den früheren Sprachen eine viel größere Rolle spielte als in den heutigen, ist vor allem auch der Laut des naturhaft «Generativen». Alte Stammeskräfte wirken noch herein in das G. *«Die natürlichen Zeugungskräfte, auch die geistigen, die damals ja noch auf den natürlichen beruhten, werden ausgedrückt im G.» (16)* Genus = das Geschlecht, generare = hervorbringen, genitor = der Erzeuger; in der nordischen Mythologie ist «Ginnungagap» der «gähnende Schlund», das germanische «Chaos» und «Tohuwabohu». Es ist der von Schöpferkräften durchwogte «leere» (gähnende) Weltenraum, *«dessen Inhalt noch nicht sinnlich-sichtbare Form angenommen hat, in dem noch alles scheinbar ungeordnet durcheinander wogt.» (17)* Zahllose Beispiele könnten aufgezählt werden für jene naturschöpferischen Kräfte, die dem G-Laut entströmen.

In Verbindung mit diesen quellenden Lebenskräften der Natur steht nun im Namen Papageno jene «Formpotenz» des P-Lautes. Und dies wirft ein weiteres Licht auf Papagenos Wesen. Es ist leicht einsehbar, daß hier die «Potenz» alle «Form» überschäumen wird, daß die Lebenskraft der Natur aus diesem «P» – dem «Munde» – sprießen, der Redestrom aus den Ufern treten wird und es «pappeln» und «plappern» wird gleich einem Papagei: Papageno!

Auch musikalisch tönt uns in seinem unbeschwerten, lebensfrohen G-Dur(!) das *«gignesthai»* – das Werden und Entstehen, das maienhaft Sprießende und Grünende entgegen. Zwar bloß die Oberfläche dieser Lebenspotenz spiegelnd, ist dieses G-Dur jedoch echt erlebt, in seinem von Wünschen und Begehrungen erfüllten Empfindungsgehalt.

Auf diese kreatürliche Empfindungssphäre deutet auch Papagenos Vogelfängertum. Wie die melodische Linie seines Auftrittsliedes den Prim-Quint-Bereich der Skala nicht verläßt, so werden auch seine folgenden Gesänge – sehr zum Unterschied von jenen Taminos – diese Quint-Schwelle kaum überschreiten. Papagenos Melodien werden alle von dem «Diesseits» der ersten Skala-Hälfte umgriffen. Wir dürfen daher auch von seinem Vogelfängerdasein mit Recht vermuten, daß es sich kaum in «Oktav-Höhe» bewegen wird; d.h., daß es kaum Adler sein werden, die er für seine Herrin fängt, wohl auch keine Eulen, in denen ein altes Wissen ein Symbol der Weisheit erschaute. Vielmehr sind es quick-lebendige, oft etwas vorwitzige kleine Sänger, die er ihr bringt, die eben «singen, wie der Vogel singt», wie ihrem kreatürlichen Dasein der Schnabel gewachsen ist.

Doch verbergen sich hinter diesem heiteren Wirklichkeitsbezug ebenfalls «Seelensymbole». Symbole, wie sie Hieronymus Bosch auf seinen Bildern immer wieder zu uns sprechen läßt, wenn er – nach Wertheim-Aymès aufschlußreichen Ausführungen *(18)* – Spatzen als Ausdruck des gewöhnlichen Menschentums erkannt wissen will, das Rotkehlchen ihm Symbol des Vertrauens ist, Meisen zu Repräsentanten des sich nie zur Ruhe zwingenden Vorstellungslebens werden, oder wenn er im Wiedehopf die Sorge um die tägliche Nahrung symbolisiert. Diese ganze kreaturgebundene, beschwingte Empfindungswelt birgt Papagenos Käfig. Und indem er sie seiner Herrin abliefert, werden sie in der Mondensphäre festgehalten. Dafür erhält er «Speise und Trank», den notwendigen Lebensunterhalt für sein eigenes kreatürliches Dasein.

Auch hier also herrscht kein Widerspruch zur nächtlichen Königin. Denn die Frage v. Waltershausen, wozu die von Papageno gefangenen Vögel der «bösen» Königin dienen sollen, ist falsch gestellt. Der Austausch der Vögel gegen Speise und Trank ist Bild für das Verhaftetsein der reinen Kreatürlichkeit in der Mondensphäre der «Königin der Nacht».

Auch die Papageno-Gestalt ist in zweifacher Weise zu verstehen: für die Handlung des Dramas und die künstlerische Wirklichkeit ist sie eine für sich bestehende Figur, die ihr eigenes Schicksal hat und jene eben skizzierte Daseinsform des Menschen repräsentiert. Für den inneren Vorgang jedoch ist sie Symbol der reinen Geschöpfnatur Taminos. Als solche lebt sie auch in ihm, wie sie in uns allen lebt. Jeder Mensch trägt seinen Papageno in sich, so wie er auch einen Tamino in seiner Seele erwecken kann.

Indem Tamino nunmehr zu dieser Mondensphäre erwacht ist, wird er nach der Begegnung mit Papageno auch der drei Damen ansichtig und damit seinen eigenen, dem Leibe verbundenen Seelenkräften. Durch sie wird ihm die dritte Begegnung: das Bildnis Paminas.

Lassen wir auch für sie den Namen Wesens-Verkünder sein. Die Bedeutung seines Führungslautes «P» ist uns bereits bekannt. Allerdings steht er jetzt mit einem Lautgefüge in Verbindung, das sein Wesen in ungetrübter Klarheit zur Entfaltung bringt. Dieses Lautgefüge gleicht ja, mit Ausnahme des letzten Vokals, zur Gänze dem Namen Taminos.

Wir sagten, das P sei der abgeschlossene Raum des Mundes. Im Sprechen öffnet sich der Mund, und das P wird damit zur Pforte, zum Port, zum Laut des Durchgangs und des Tores. Die Pforte verbindet ein Innen und Außen. Der Sprachgenius gibt uns dafür unzählige Beispiele: pons ist lat. die Brücke; Paß, Passage, Passeport – überall ist das P der Führungslaut von Worten, die auf den Durchgang, auf ein Über-die-Brücke-Gehen verweisen oder einen Schwellen- bzw. Grenzübertritt zum Ausdruck bringen. Passion ist der Leidensdurchgang, und Parzival ist der durch das Tal der Leiden Schreitende.

Im Namen Pamina öffnet sich die Lippe zu einem A, dem kein nachfolgendes, neuerliches Schließen das Staunen und Verwundern abschneidet, das diesem Vokal innewohnt, wie dies etwa bei Papageno der Fall war. Ungehindert kann dieses Verwundern hineinfließen in das nachfolgende M und sich in ihm vermenschlichen. A ist der Laut des Anfangs. Der Laut des Ich, das noch ganz in der Gottheit ruht. Mit dem A-Erlebnis greifen wir hinaus in die Welt, stehen staunend vor den Archai, den Urbeginnen. Wenn wir die Arme gabelförmig öffnen, *«empfangen wir die Welt im Verwundern». (16)* Man kann es auch von der Peripherie her sehen und sagen: was aus dem kosmischen Umkreis auf uns hereinstrahlt, das droht uns auseinanderzureißen. Denn *«sprechen wir ein A, so haben wir das Gefühl, als ob ein Geistiges in uns eindringe, das verwandt ist mit unserem Seelischen und das uns eigentlich entzweispaltet». (19)* Ist dieses auf uns Zukommende übermächtig, dann entringt sich der Seele ein: «ach!» So ist das A auch der Laut der Andacht und Hingabe; es ist der Laut der Aphrodite.

Sprach sich in den ersten zwei Lauten des Urwortes TAO die Gottheit selbst in ihrem Ich aus, so weisen uns die Laute P und A auf die Fülle des göttlichen Schöpfungswerkes. Nicht der göttliche Welten-Geist spricht durch sie, wie im TAO, die Welten-Seele durchwärmt das P. Psyche ist der Hauch aus der umfassenden Geistwelt, dem «pneuma» – der in das Einzelwesen einzieht. Auch die Seele ist «Durchgang», Brücke vom Geist zur irdischen Leiblichkeit.

In den nachfolgenden Lautgruppen des Namens Pamina spiegelt sich der gleiche mit Not und Verbannung verbundene Verendlichungs- und Menschwerdungs-Prozeß, wie wir ihn bereits im Namen Tamino erlebten. Nur daß bei dem weiblichen Namen die Individualisierung keinen so abgeschlossenen Charakter aufweist, wie ihn der O-Vokal bei Tamino vermittelt. Die Seele bleibt auch in ihrer Vereinzelung nach der

Peripherie hin offen; sie bleibt die Staunende und Verwundernde: Pamina.

Daraus dürfte sich zur Genüge das Erlebnis erhellen, dessen Tamino beim Anblick des Bildes teilhaftig wird. Es ist das unzerstörte Bild seiner Seele. Hier schaut ihm entgegen, was einmal als Isis verehrt wurde. Das Bildnis Paminens – im Handlungsgeschehen ein Symbol für Taminos Imagination – spricht ihm von jenem Seelenteil, der sich an den Geist gebunden weiß und daher die Sehnsucht in sich trägt, sich mit diesem Geist, seinem höheren Selbst zu vereinen. Indem er das Bild erblickt, sieht Tamino hindurch auf etwas, das mehr ist als die «Mutterwelt», in der er im Augenblick steht und deren Tochter Pamina ist. Aber der unsterbliche Wesenskern des Geschauten liegt nicht im Mondenbereich; er ist sonnenhaft. Die Sehnsucht, die er bei diesem Imaginations-Erlebnis empfindet, trägt ihn dem Sonnenreich zu.

Nach all dem Gesagten muß uns das Es-Dur der «Bildnis-Arie» wie selbstverständlich erscheinen. Zum ersten Mal umtönt Tamino dieser göttliche Urgrund, in dem sein unvergänglicher Teil wurzelt. Feierliche Es-Dur-Akkorde, in dem uns bereits bekannten weihevollen Jamben-Rhythmus, leiten den Gesang ein. Sein Melos hebt mit einer «Exclamatio» an, einem Sextensprung, der in seiner Innigkeit die ganze Sehnsucht zum Ausdruck bringt, die Taminos Herz zu diesem Bild bewegt.

Die Sexte liegt in der Stufenfolge der Skala jenseits der Quint-Schwelle. Sie steht in Oktav-Nähe und ist ihrem Wesen nach die Umkehrung der Terz. Die Terz ist das Intervall seelischer Innerlichkeit; in ihr spricht die Seele mit sich selbst, um in freier Art die Charakteristik Rudolf Steiners für dieses Intervall wiederzugeben. Die Umkehrung der Terz läßt diese Innerlichkeit sich hinausergießen in den Umkreis. Die

Sexte ist gewissermaßen die in den Makrokosmos geworfene Innerlichkeit; in ihr verschmilzt die Menschenseele mit der Weltenseele. So wird das vorhin von zwei Richtungen her charakterisierte A-Erlebnis in dieser Exclamatio auch zum tönenden Ereignis.

Für einen kurzen, aber ewigkeits-nahen Augenblick, nur eine Silben-Länge während, vermag sich das Melos in dieser Sexten-Höhe zu halten, dann sinkt es Stufe um Stufe zurück in die Tiefe: «Dies Bildnis ist bezaubernd schön!»

Der zweite Sexten-Ruf kann sich nicht mehr mit gleicher Kraft zur Höhe schwingen. Doch dort, wo Tamino die «Göttlichkeit» dieses Bildes erkennt und sein Herz «mit neuer Regung» erfüllt wird, übersteigert sich die «Exclamatio» zu einem Septimen-Auflaut, hebt ihn nahe zur «Oktav» empor.

Der Drang, dem geschauten Bild in seiner Wesenhaftigkeit zu begegnen, wird immer intensiver. Ein langgezogener Orgelpunkt auf der Dominante von Es: «O wenn ich sie nur finden könnte!» – spannt diese Harmonie bis zum Zerreißen. Das Orchester bewegt sich dabei in kurzen, unruhigen, auf- und abwellenden Motiven. Die Unruhe der Begleitfigur reißt die Singstimme mit sich, die in immer abgerissenen Phrasen nach sprachlichem und melodischem Ausdruck ringt, bis sie sich in jenen einzigartigen Höhepunkt ergießt, den Mozart als auskomponierte Taktpause gestaltet. Ein Lauschen, hinaus ins Unhörbare, nicht mehr Erklingende.

«Hier vollzieht sich das Wunder», schreibt G. Friedrich, *«Pamina erscheint Tamino». (5)* Wir müssen sagen: in diesem Schweigen vollendet sich die Imagination Taminos. Jenseits von Wort und Klang erschaut Tamino Paminas Wesen.

Die Begeisterung, die Tamino dadurch widerfährt, zeugt den Wunsch, sich ganz mit ihr vereinen zu wollen. Und dieser Wille führt ihn langsam wieder zu sich selbst zurück. Ein allmähliches Ausklingen des Melos-Stromes, doch ganz erfüllt von jenem Sexten- und Septimenaufschwung der «Exclamatio», der nun wie ein fester Besitz des eigenen Wesens erscheint. Mit zuversichtlicher Bestimmtheit nimmt die Melodik die Linie des Arien-Beginnes wieder auf: «Und ewig wäre sie dann mein!»

Daß diesem für das Schicksal Taminos so bedeutungsvollen Gesang eine Art leitmotivischen Charakters zukommen wird, läßt sich unschwer vermuten. Pamina zu erringen ist nunmehr das große Ziel dieses «verirrten» Königssohnes. So darf es uns nicht wundern, wenn wir in den späteren Gesängen zahlreiche Motivverwandtschaften zur Bildnis-Arie entdecken werden. Die erste wird sich uns gleich in dem folgenden Gesang der «Königin der Nacht» zeigen.

Das Erscheinen der «sternflammenden Königin» ist eine innere Konsequenz von Taminos Bewußtseins-Weg. Papageno hat die Herrscherin dieser Mondensphäre nie erschaut. Tamino dagegen verbirgt sie sich nicht; seine Reife erschließt ihm ihr Wesen. Unabhängig von ihren eigenen Intentionen und ihrem Willen, sich Tamino zu offenbaren, ist er durch das bis jetzt Erlebte an die Grenze der Mondensphäre gedrungen. So ist es folgerecht, daß ihm nunmehr als vierte Begegnung die Herrscherin dieser astralen Mondenregion selbst wesenhaft entgegentritt.

Ihr Gesang gliedert sich in drei Abschnitte: in Anrede, Klage und Auftrag. Auch diese Arie ist, gleich jener Taminos, eine Aktions-Arie, d.h. ein Gesang, der in seiner melodischen und harmonischen Gebärde die innere Bewegung und seelische Entwicklung seines Darstellers widerspiegelt. Mozart hat in diesem Fall bewußt den Stil der «opera seria» aufgegriffen, um damit dem überirdischen, der Erden-Wirklichkeit entrückten Wesen der «Königin» Ausdruck zu verleihen. Die unruhig synkopierten, Tiefen und Höhen erfüllenden einleitenden Orchesterklänge spiegeln das Erbeben wider, das für den Menschen mit jeder Erscheinung eines geistigen Wesens verbunden sein muß.

Schon in den ersten Worten wird das Zwiespältig-Schillernde ihres Wesens fühlbar. Ist das «O zitt're nicht, mein lieber Sohn», majestätisch und im vollen Wissen um ihre Macht gesprochen, so zeigt das Rezitativ bei den Worten «Du bist ja schuldlos, weise, fromm» einen ziemlich oberflächlichen, darüber hinweghuschenden Ton.

Die Tonart der Klage, ein Larghetto, ist g-Moll. Für Mozart die Tonart des Schmerzes. Hier tritt der Zwiespalt in ihrem Wesen noch deutlicher hervor: Schmerz der Mutter und Haß gegen den Mächtigeren wechseln einander ab. Zweimal stößt sie das Wort «Bösewicht» hervor; flammende Vierundsechzigstel in den tiefen Streichern unterstreichen markant ihre leidenschaftliche Erregung und den sich übersteigernden Zorn.

Wesentlich für den inneren Vorgang des Dramas muß uns auch die rhythmische Dehnung bei der Schilderung von Paminas aufgezwungener Flucht erscheinen: «Noch seh' ich ihr Zittern ...»

Die durch den Doppelkonsonanten an sich kurzen Laute «zittern», «erschüttern» werden von einem Achtel-Rhythmus getragen, der uns im Zeitmaß eines Larghetto den Eindruck des Zögerns und Stockens erweckt. Pamina ist nur widerstrebend ihrem Entführer gefolgt, d.h. sie fühlte sich in diesem Augenblick ganz und gar ihrer Mutter, also der Mondenregion, verbunden. Hinzu kommen noch chromatische Wendungen des Melos, die ihren Schmerz und ihre Furcht eindringlich nacherleben lassen.

Höhepunkt der Klage ist die Wiederholung von Paminas verzweifeltem: «Ach helft!» Zuerst als verminderte Quinte, in der Wiederholung bereits mit nachlassender Spannung als reine Quarte gefaßt. Dieses Intervall ist für uns jedoch zu eindringlich mit Taminos Bewußtseinsreifung verbunden, als daß wir darin nicht auch eine verborgene Absicht der Königin vermuten müßten. Die *«vibrierende Unruhe»,* die nach Götz Friedrich die ganze Arie durchzieht, fließt aus der ungewissen Hoffnung, Tamino für sich gewinnen zu können. Unruhe und Ungewißheit deshalb, weil die Entscheidung darüber letztlich in der Freiheit des menschlichen Ich liegt. Um die Tochter wieder zu gewinnen, mußte sie ihm Paminas Bildnis überantworten, aber die Wirkung dieses Imaginationserlebnisses trägt Tamino über ihr Reich hinaus. Halten kann sie ihn nicht; so muß sie ihn zu gewinnen suchen, um ihn ihrem Willen gefügig zu machen.

Hier liegt das ewige Dilemma aller widerstrebenden Mächte. Um den Menschen für ihre Intentionen zu gewinnen, müssen sie ihn mit Fähigkeiten und Kräften begaben und sind dadurch gleichzeitig in steter Gefahr, ihn samt den ihm anvertrauten Gütern zu verlieren. Denn das Ich des Menschen ist letztlich die entscheidende Instanz darüber, ob diese Fähigkeiten und Begabungen dem luziferischen Egoismus oder der Wahrheit, Schönheit und Güte der göttlichen Schöpfung dienen werden.

Diese kaum zu zügelnde, nur mit Mühe verhaltene Leidenschaft im Gesang der «Königin der Nacht» spüren wir auch in der Unisono-Begleitung der Bratschen und Fagotte bei: «Ich mußte sie mir rauben sehen» sehr eindringlich.

Der Klage folgt schließlich der «Auftrag», in der Orchesterbegleitung von scharf punktierten Rhythmen eingeleitet. Hier wird die eben erwähnte verborgene Absicht völlig offenbar, und der leitmotivische Charakter von Taminos Imaginations-Gesang zeigt sich zum erstenmal. Das siegessichere, ekstatische Melos «Und werd' ich dich als Sieger sehen» nimmt nämlich deutlich Bezug auf Taminos Worte: «Ich würde sie voll Entzücken ...» Die Königin bedient sich also bewußt der Sprache Taminos, d.h. eines ihm vertrauten und ihn ganz erfüllenden Empfindungsgehaltes, um ihn dadurch besser an sich binden zu können.

Die gleiche Methodik wendet Kundry in Wagners «Parsifal» bei ihren Verführungskünsten an. Auch sie schleicht sich in eine dem Helden vertraute Welt ein, indem sie sich an die Mutterstelle setzt. (Siehe dazu des Verfassers geisteswissenschaftliche Betrachtung der Musikdramen Richard Wagners: «Vom Ring zum Gral» (20).

Dieser Gleichklang in den Verführungskünsten des Widersachers ist ein aufschlußreiches Phänomen. Denn offenbar ist es für den Verführer leichter, den mit reinen Neigungen erfüllten Gefühlsreichtum der Seele von seinem Ursprung abzuziehen und umzuwerten, als das Verführungswerk dort anzusetzen, wo keine besondere Hinneigung vorhanden ist.

Allerdings müssen wir die einheitliche musikalische Substanz der beiden Kantilenen auch noch aus Taminos Sicht sehen. Sie kann nämlich ebenso Zeugnis dafür sein, wie unbeirrt der Mensch seine Sehnsucht durch dieses Mondenreich trägt.

Die abschließende Koloratur-Partie der Arie bedeutet letzte Affektsteigerung. Ihre szenische Interpretation wird von G. Friedrich dahin formuliert, daß *«der Grundzustand der Königin vom Haß gegen Sarastro bestimmt»* ist und daß sie mit diesem Haß *«Tamino zärtlich umfängt»*. Die technische Brillanz ihres Gesanges *«entsteht nicht um ihrer selbst willen»*, ihr Sinn ist vielmehr, Tamino mit allen ihr zu Gebote stehenden Mitteln zu beeindrucken und zu überwältigen. *«Wenn beim letzten ‹ewig dein› das ganze Orchester im markanten Rhythmus einfällt, steht sie als Triumphstatue mit erhobenen Armen da, ein Bild, von dem Tamino nun gänzlich hingerissen ist.»* (5)

Der geisteswissenschaftlichen Perspektive zeigt sich in diesen bravourösen Koloraturen allerdings weniger das Bild einer triumphierenden Statue als vielmehr das einer ekstatischen Sibylle. Was drückt sich in dieser Gesangs-Bravour denn in Wahrheit aus? Warum wendet sie Mozart hier an, die, als musikalisches Geschehen für sich genommen, natürlich eine großartige Schöpfung ist.

Was haben die Koloraturen aber für den Geistgehalt der Handlung zu bedeuten? In ihrer Wirkung scheinen sie ein reines Spiel mit Tönen zu sein, dem die effektive melodische Sinngebärde fehlt. Nicht umsonst rühmt man die «Technik» derartiger Gesangspartien. Wir sprachen vorhin von Affektsteigerung. Es ist reine astrale Emotionalität, was hier ertönt; Emotion und Affekt in ihrer selbstsüchtigen Eigenbezogenheit, bravouröses «Zungenspiel», wo die Laute wie von selbst hervorquellen. Zeugnis also einer korrumpierten Isis-Sphäre, aus der Osiris – die Sinngewalt des Ich, geworfen wurde. Tamino wird durch den Mund des Priesters sehr bald den wahren Hintergrund dieses «Triumph-Gesanges» erkennen.

Dem Reichtum, den Tamino durch sein Imaginations-Erlebnis erfuhr, steht ein Verlust auf seiten Papagenos gegenüber. Sein prahlerisches Großtun wurde mit Entzug der «Sonnengaben» von Brot und Wein und dem Verlust der Sprache bestraft. Das «Schloß vor dem Mund» verwehrt dem «P» sein kreatürliches «Papageien».

Die Ursache seiner «Begnadigung» liegt in der Seelenstärke Taminos. Papageno soll nunmehr der Begleiter des Prinzen sein. Diese Tatsache läßt aber den Rückschluß zu, daß auch Papagenos Bestrafung ihre eigentliche Ursache in Tamino finden könnte. Als Tamino Papageno zum erstenmal gewahr wurde, konnte er das im Ohnmachtsschlaf Erlebte ja noch nicht in ganzer Fülle in den Wachzustand herüberholen. Die drei Damen waren seinem Seelen-Auge noch verborgen und somit auch das Wissen um den wahren Überwinder der Schlange. Unbewußt log ihm sein kreatürliches Wesen etwas vor. Die Bestrafung Papagenos zeigt die Bewußtwerdung dieser Lüge der «Maja» auf. Es werden ihr die Sonnengaben des Ich entzogen. Die Begnadigung Papagenos ist ein weiterer Erkenntnisschritt. Das «hohe Ich» und das «kreatürliche Ego» suchen nunmehr gemeinsam den Weg in Sarastros Reich.

Das Hereinleuchten dieser Sonnensphäre wird bereits bei der Übergabe der «Flöte» offenbar: «O Prinz, nimm dies Geschenk von mir!» Die Melodik zeigt enge motivische Verwandtschaft mit dem Beginn von Sarastros Fürbitte im Tempel: «O Isis und Osiris ...»

Daß die dem Mondenreich angehörenden drei Damen Tamino das Instrument überreichen, das in Wahrheit Sonnenkräfte in sich birgt, ist nur scheinbar ein Widerspruch.

Über den Ursprung der Flöte werden wir durch Pamina Aufschluß erhalten. Vorwegnehmend sei jedoch erwähnt, daß dieses Zauberinstrument von Paminens Vater geschaffen wurde. Die Übergabe der Flöte ist ebenso eine notwendige Folge von Taminos Bewußtseinsentwicklung wie das Erscheinen der «Königin» oder die Pamina-Imagination.

Tamino soll zu seinem eigenen Ton erwachen. Wie jedes Ich im weiten Universum seinen Stern hat, so tönt auch seine Stimme als Eigenton im unendlichen Chor der Sphärenharmonie. Tamino selbst beginnt in sich die Sonnenkräfte seines Ich wachzurufen. Darin liegt der esoterische Hintergrund der Überreichung der Flöte.

Gleichzeitig löst sich damit auch das Rätsel um die drei «Knaben», die fortan seinen und Papagenos Weg begleiten werden. Scheint es doch, als kämen auch sie aus dem Mondenreich der nächtigen Königin. Aber so ist es nicht. Alle Geistwesen haben ihren Platz. Die drei Damen können Tamino nicht in Sarastros Reich begleiten. Das verluziferisierte Weibliche muß in seiner astralen Region bleiben. Aber das in knabenhafter Entwicklung sich regende hohe Ich, die «männlichen» Sonnengenien, sie vermögen zur «Osiris-Sphäre» Führer zu sein.

Wieder leuchtet der Doppelaspekt auf: die drei Knaben sind objektive Wesen, kosmische Genien, aber auch gleichzeitig Wirkenskräfte in der menschlichen Seele. In Tamino, in Pamina, auch in Papageno.

So läßt uns das Mysterienspiel der «Zauberflöte» langsam ihr Geheimnis ahnen: das Sonnen- und Monden-Geheimnis ist es, das Mysterium des «Männlichen» und «Weiblichen», das Geheimnis von Osiris und Isis; Mysterien, die nur auf dem Initiationsweg zu erfahren sind.

Zimmer der Pamina in Sarastros Palast

Über Paminas reines Seelentum wurde bereits ausführlich gesprochen. Ihr Name hat uns auf jenes «Ewig Weibliche» verwiesen, das als Göttin Isis einst in Ägypten verehrt wurde. Als diese zum Geist emportragende Seelenkraft lebt sie im Menschen, lebt sie in Tamino.

Pamina steht aber auch gleichzeitig als eigenständige Gestalt im Drama. Das «M» in ihrem Namen wies uns auf jenen Vermenschlichungsprozeß, der uns in ihr auch das irdische, weibliche Erscheinungsbild dieses hohen Seelentums erblicken ließ; die «Prinzessin» des Märchens. Durch diesen Doppelaspekt unterscheidet sie sich von Gestalten wie etwa der «Königin», oder den drei Damen, die wir als rein geistig-seelische Wesen verstanden haben.

Vorerst freilich ist Pamina in beiden Perspektiven die Tochter ihrer Mutter. Um das zu werden, was in ihr urbildlich veranlagt ist, muß sie erst die mütterliche, korrumpierte Mondenwelt abstreifen bzw. überwinden. Dazu ist Erkenntnis nötig; Erkenntnis vom Wesen der Mutter, Erkenntnis ihrer selbst. Noch ist sie sich ihres eigenen Wesens unbewußt, ist ganz in den Mutterkräften befangen. Sie weiß nur um ihre Herkunft aus dem Mondenreich, weiß nichts von ihrer Bestimmung.

Diese erhält sie in dem Augenblick, wo Papageno ihr von Tamino spricht. Ehe dies jedoch geschehen kann, muß auch Pamina der verfinsterten, unbewußten Schichten ihres Wesens ansichtig werden.

Wie Tamino als erstes der Schlange begegnete, so wird Pamina mit Monostatos konfrontiert. Auch bei ihm spricht sich das Wesen durch den Namen aus. Er ist der einzig nur Sich-Kennende, der «Für-sich-Stehende»: Mono-Statos.

In diesem Sinne ist auch Monostatos, gleich der Königin der Nacht, Repräsentant eines Weltenprinzips. Hatten wir in ihr die Wirksamkeit Luzifers erleben können, so zeigt Monostatos mit seinen Verhärtungstendenzen auffallend ahrimanische Züge.

Ungeachtet dieser finsteren Kräfte haben wir aber auch ihn in der menschlichen Wesensnatur zu suchen. Der Führungslaut «M» in seinem Namen weist darauf hin. Die beiden O-Vokale potenzieren die umgreifende, abschließende Wirkenstendenz, zusätzlich intensiviert durch das dazwischengeschobene, auf Not, Verbannung, Abkapselung verweisende «N». Wenn man sich erinnert, was alles über das O gesagt wurde, so zeigt der Name Monostatos sehr eindringlich auf, daß es immer auf die besondere Verbindung ankommt, in der ein Vokal oder Konsonant steht. Hier ist es offensichtlich, daß die Wesenselemente des O, sein Schöpferisch-Umhüllendes, gleichsam widerrechlich geraubt und für sich behalten wurden. Mußten wir doch angesichts des Gleichklanges der Buchstaben P und A in den Namen Papageno und Pamina feststellen, daß jeder Laut imstande ist, begriffliche Gegensätze zu verkörpern. Am eindringlichsten zeigt dies der «Skorpion-Laut» S, der dem Namen Monostatos seine eigentliche dynamische Kraft verleiht. *«Beim S ist diese Fähigkeit zum Prinzip erhoben. Das S ist der wandelnde Gegensatz.» (12)*

Dies sei deshalb betont, da uns der so stark vom Charakter des S geprägte Name «Sarastro» zu ganz anderen Erkenntnissen führen wird, als dies gegenwärtig bei Monostatos der Fall ist.

«Die Empfindung gegenüber dem S, der S-Schwingung, der S-Windung ist... außerordentlich kompliziert... Der Hinweis auf das S war immer verbunden mit etwas... Furchterregendem bei denjenigen, die man auf dieses Symbolum hinwies; etwas Furchterregendes, etwas, wovor man sich hüten soll... Das Erlebnis des S-Lautes hängt zusammen mit denjenigen Empfindungen, welche man in Urzeiten der Menschheitsentwicklung für das Schlangensymbol gehabt hat.» (16)

Im indischen Lautbedeutungssystem bedeutet, nach Hermann Beckh, der Schlangenlaut S tatsächlich die Schlange. Auch die lateinische Buchstabenform des S ist die Schlange. Und im deutschen Wort «Schlange», im lateinischen «serpens», im hebräischen «sārāph» usw. ist S überall Führungslaut. Im griechischen «skorpîos» ist es der «Skorpion», und «skótos» ist die «Unterwelt». Das besagt, daß wir mit dem S *«im Bereich der ‹satanischen› Welt mit ihren Schrecken und Gefahren» (12)* stehen.

In den Mysterienstätten wies der Hierophant den Neophyten auf die Schlange als Merkzeichen für sein Ich. Der Sündenfall, der dem Menschen das Selbstbewußtsein brachte, bedeutet – als geistiger Vorgang begriffen – die Einverleibung der Schlange in das Menschenwesen. Als Denkender, sich seiner selbst bewußt werdender Mensch fühlte er dieses Schlangenwesen. *«So hieß Erkennen in der alten Zeit: Ich fühle mein Schlangenwesen.» (21)*

Auch Pamina begegnet in Monostatos den «Tiefen» ihres Wesens und damit in gewisser Weise der Schlange. Doch ist es ein Erlebnis in einer anderen Wesensschicht, verglichen mit der Begegnung Taminos. Zum besseren Verständnis diene dafür noch folgender Hinweis.

Im Evolutions-Geschehen bildet die Schlange den Übergang von der Wirbellosigkeit zur Ausbildung der Wirbelsäule. Der Körper bekommt dadurch eine innere Stütze. So wird das S ein Symbol für das Rückgrat des Physischen.

Dem griechischen Namen «Sigma», dem hebräischen «Samech» kommt diese Bedeutung der «Stütze», des «Rückgrates» zu. Damit erhält der Buchstabe S eine zweite Symbolik. Einerseits weist er auf die Schlange, andererseits wird er Symbol des Merkurstabes. Dubach-Donath zitiert folgende Äußerung Rudolf Steiners: *«Ein S entsteht, sobald der Mensch irgendeinen Gegenstand ergreift – es kann ein Stab sein, ein Blütenzweig, ein Schleier, ein Instrument, und sich damit ‹Form› gibt.» (19)* Die um den Stab sich windende Schlange ist das S. Die Empfindung, auf die es bei dieser Gestaltung ankommt, ist, *«daß man sich selbst mit etwas in sich begegnet» (19)*. Dieses «Etwas» aber ist der Ätherleib.

Dies ist für die augenblickliche Betrachtung das Wesentliche, daß wir es mit zwei Kriterien zu tun haben: mit der sich windenden Schlange – dem S, und dem «stützen = den Stab» – dem St. Beides birgt der Name «Mono-statos» in sich. Der die Schlange in sich Bergende, ganz allein auf sich Gestützte, das ist der völlig verhärtete, von allen Lebensquellen abgeschnürte Ätherleib, dessen Selbstbewußtsein nur absoluter Egoismus sein kann.

Der «Mohr» Monostatos, schwarz an Leib und Seele, ist das wesenhafte Bild eines völlig verdichteten, mit der Verweslichkeit des Physischen fest verbundenen Ätherleibes, der nur Trieb und Selbstsucht kennt. Wenn wir von den Mondenkräften vorhin als von Fruchtbarkeitskräften sprachen, so kann uns Monostatos wie der tote Schlackenrest dieses Mondenhaften anmuten. Diese Beziehung spiegelt sich im harmonischen Geschehen wider, wenn Mozart bei Paminas Worten «sie stirbt vor Gram ganz sicherlich» ein querständiges d-Moll erklingen läßt, eine Harmonie, die in unserer Musik immer das Erstarrende, Sklerotisierende, Kalte des Todes zum Ausdruck bringt.

Querständigkeit entsteht, wenn die Alteration eines Tones nicht in der gleichen Stimmlage erfolgt und Grundgestalt wie Alteration des Tones unmittelbar aneinanderstoßen. In unserem Fall trifft ein F im Baß auf das vorangegangene Fis im Sopran. Derartige Querstände waren auch noch im klassischen Satz verboten. Mozart setzt ihn hier bewußt und erzielt damit eine stark retardierende Wirkung, durch die das dominantische D-Dur, das Pamina in Gedanken an die Mutter erfüllte, eindringlich jene vorhin erwähnte Erstarrung erfährt.

Unsere Auffassung des monostatischen Prinzips beantwortet aber auch die von Waltershausen aufgeworfene Frage, warum Sarastro ausgerechnet durch den «Mohren» Pamina bewachen läßt. Die ahrimanische Wirkenskraft knüpft sich mit kosmischer Notwendigkeit an das Luziferische. Und Pamina – so sagten wir – ist vorerst die «Tochter» ihrer Mutter. Durch den von Sarastro befohlenen «Raub» wird Pamina zum erstenmal dieser «Mutterwelt» gegenübergestellt, und dies läßt sie ansichtig werden, welch finstere Gewalten mit dieser Welt verbunden sind, denen sie letztlich verfallen müßte, wenn sie jenen korrumpierten Nacht-Bereich in sich nicht überwinden kann. Durch die Trennung von der Mutter wird ihr jene Macht aufgezeigt, die sich seit je und in alle Zukunft hinein dem Ichhaft-Sonnenverbundenen entgegenstellt. Soll Pamina dies erkennen, ist die Trennung von der Muttersphäre die erste Vorbedingung.

Vorerst freilich kann auch sie – gleich Tamino – diesem Anblick nicht standhalten; ihrer Sinne beraubt, sinkt sie ohnmächtig nieder. Das Geschehen des Akt-Beginnes erfährt seine Variation. Und wieder naht ahnungslos Papageno. Doch während er auf die Schlange erst durch Taminos Frage aufmerksam wurde, sieht er sich nunmehr mit eigenen Wahrnehmungskräften Monostatos gegenübergestellt.

Die einzigartige Komik, mit der Mozart die gegenseitige Furcht der beiden voreinander in wenigen Takten zu zeichnen weiß, soll uns nicht darüber hinwegsehen lassen, wie die eine Gestalt gleichsam organisch in die andere übergeht. Die Musik macht dies deutlich: der befehlende Ton des Mohren: «He Sklaven, legt ihr Fesseln an, ... nun fort! Laßt mich bei ihr allein», wird durch eine Dreiklangs-Figuration der Violinen begleitet, die sich gleich im Anschluß zum «Einstiegs-Motiv» Papagenos umgestaltet.

Die Parallelität zum Aktbeginn wird noch deutlicher, wenn sich nunmehr Papageno der ohnmächtigen Pamina nähert. Sein «Schön Mädchen jung und rein...» ist unschwer als Variante seines Vogelfänger-Liedes zu erkennen, denn das Melos ist lediglich um eine Terz höhergerückt.

Und wie Taminos erster Blick beim Erwachen auf Papageno fiel, so auch der Paminas. Auch sie steht der reinen Geschöpf-Natur gegenüber, und ihr Erwachen bedeutet ebenfalls Hinwendung zu höherem Wissen, ist Bewußtseinsweitung.

Allerdings sind es nicht Kräfte aus der Seelenwelt, die Pamina auf ihre Bestimmung verweisen, sondern jene reine Geschöpf-Natur, die jetzt nicht mehr als der dumpf sein Dasein verlebende «Vogelfänger» vor uns steht, sondern als der «Begleiter» Taminos. So kann Papageno es sein, der nun die Funktion der «drei Damen» vollzieht und der «anima candida» von der Liebe des Königssohnes, des «Ich», zu ihr spricht.

Und auch Paminas Bewußtsein öffnet sich der Imagination und wird umtönt von dem Goldglanz der Es-Dur-Harmonie.

*) T. 1 und 2: Anstelle der beiden in der heutigen Bühnenpraxis üblichen Bläserakkorde (Klarinetten und Hörner) stehen in Mozarts Autograph in den entsprechenden Systemen Ganztaktpausen; vgl. dazu das Vorwort zur Partitur (BA 4553).

Wie Tamino das «Bildnis» erschaute, so sieht Pamina, von gleichem sphärenharmonikalen Atem umtönt, das Bild des «Menschen» in seiner Zweieinheit des Männlichen und Weiblichen. Und auch Papageno wird von diesem Hauch des Es-Dur berührt.

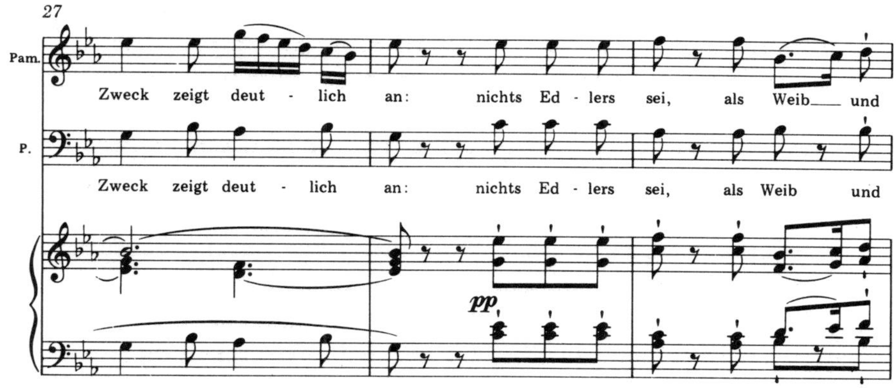

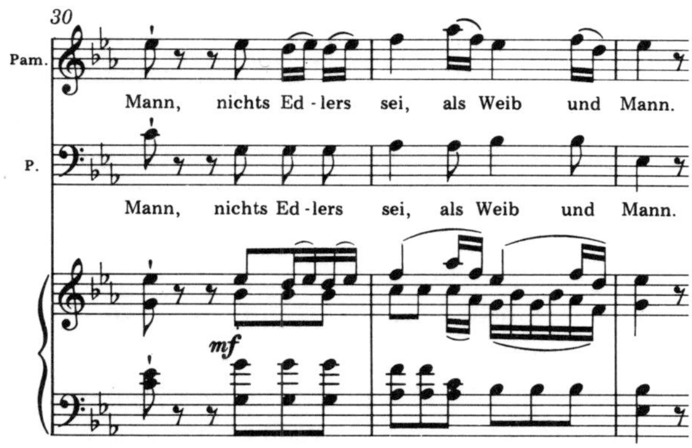

Hier ist ein wesentlichster Gedanke des Werkes ausgesprochen. «Mann» und «Weib», die in ihrer Vereinigung «an die Gottheit» heranreichen.

Die Seele in ihrer Urbildlichkeit ist *«männlich und weiblich zugleich. Sie trägt diese beiden Naturen in sich»*. *(22)* Vor der Geschlechtertrennung, als die Stofflichkeit des Leibes noch bildsamer war, konnte sich die Seele ihren Leib ganz nach ihrem Bilde gestalten: hermaphroditisch. Die durch den Sündenfall eingetretene Dichtigkeit des Stoffes, die «monostatischen» Einflüsse wie jene der Schlange, verhinderten fortan eine leibliche Ebenbildlichkeit der Seele.

Die Leibesform wurde zwei-geschlechtlich. Indem die Seele durch diese Verhärtung aber nicht mehr ihre ganze Kraft auf die Leibesbildung verwenden konnte, wurde ein Teil frei für die Verbindung mit dem Geiste.

«Für das Äußere wird fortan der Mensch von außen befruchtet, für das Innere von innen, durch den Geist. Man kann nun sagen, daß der männliche Leib eine weibliche Seele, der weibliche Leib eine männliche Seele hat. Diese innere Einseitigkeit im Menschen wird nun durch die Befruchtung mit dem Geiste ausgeglichen ... So sind Mann und Weib in der äußeren Gestalt verschieden; im Innern schließt sich bei beiden die seelische Einseitigkeit zu einer harmonischen Ganzheit zusammen. Im Innern verschmelzen Geist und Seele zu einer Einheit.» (22)

Dieses Geheimnis umtönt das Es-Dur des Duettes. Daß wir mit Recht von einem «göttlichen» Atem sprechen, der darin weht, zeigt erneut die Musik. Der Melodie der Worte «Wir leben durch die Lieb' allein» werden wir in den Einleitungstakten von Sarastros Gebet an «Isis und Osiris» wieder begegnen.

Von diesem «hohen Lied» an das Ewig-Menschliche, das ohne Pathos und Sentimentalität von keinem «Liebespaar» gesungen wird, wölbt sich die Kuppel dieses Mysterien-Dramas hinüber zu jenem Augenblick, wo Ereignis wird, was jetzt besungen wurde: wo «Mann» und «Weib» gemeinsam den Läuterungspfad durch die «Elemente» gehen und ihre Gottheit in sich finden werden.

Mozart stellt sich mit diesem Bekenntnis allerdings in Gegensatz zu den Lehren der Freimaurer. Denn diese schlossen das Weibliche von der Initiation aus. Es wurde für unmöglich erachtet, das Weibliche aus der Macht Luzifers zu erlösen. Deshalb wollte man es eliminieren. Das Weibliche, als Träger des einstigen Sibyllentums, sollte in die männlich-prophetische Initiation keinen Zutritt haben.

Damit verneint man freilich die Entsündigung der Natur; negiert das Wirken des «Heiligen Geistes». Mozart wußte um diese parakletischen Kräfte und gab ihnen in dem Es-Dur seiner «Zauberflöte» ein klingendes, unvergängliches Gefäß.

Hain, in dessen Mitte drei Tempel

Das Finale des ersten Aktes bringt den entscheidenden Entwicklungsmoment für Tamino.

Es sind die drei Knaben, die ihn in das Reich Sarastros geleiten. Das von Sonnenlicht erfüllte C-Dur, irdisches Klangbild des «Widders», und der jambische Rhythmus ihres Gesanges, lassen keinen Zweifel darüber, wo wir stehen. Ebenso eindeutig bestimmt ist damit auch das Wesen dieser drei Genien.

Goethe sagte einmal zu Eckermann: *«Wir wandeln alle in Geheimnissen, wir sind von einer Atmosphäre umgeben, von der wir noch gar nicht wissen, was sich in ihr regt und wie es mit unserem Schicksal in Verbindung steht. Soviel ist wohl gewiß, daß in besonderen Zuständen die Fühlfäden unserer Seele über die körperlichen Grenzen hinausreichen können ...»*

Solche wesenhafte «Fühlfäden» der Seele, die weit über das Bewußte hinausreichen und unserem wahren Wesenskern zustreben, sind auch die drei Knaben. Ihre dreifache Ermahnung zeugt für die Sphäre, aus der sie niederschweben: «Sei standhaft, duldsam und verschwiegen!» Nur von gedämpften Trompeten und Posaunen begleitet, geht der dreifache Ruf an die Seele, standhaft zu sein im Fühlen, duldsam im Wollen, verschwiegen im Denken. Der feierliche Blechbläserklang läßt uns spüren, daß wir an der Schwelle zu einer erhabenen, durchlichteten Welt stehen.

Das innige Melos Taminos mit seinen weitausladenden Intervallschritten und der ungeduldig vorwärtsdrängenden Triolen-Begleitung zeigt uns, wie erwartungsvoll und willig sein Herz sich dieser «Lehre» öffnet:

«Ihr holden Kleinen sagt mir an,
Ob ich Paminen retten kann?»

Die Nicht-Beantwortung dieser Frage ist nicht als ein ausweichendes Sich-Entziehen zu verstehen. Wie könnten die erst im Keime – als Knaben – aufsprießenden Kräfte von Taminos höherem Selbst wissen, ob sie zur vollen Entfaltung werden erblühen können? Der Freiheitsraum des Ich macht eine Antwort unmöglich. Doch ist eines gewiß:

wenn Tamino dieser geistigen Kraft freien Raum gibt, dann wird er «männlich siegen».

So bereitet dieser einleitende Satz des Finales bereits die Wandlung vor, die sich mit Tamino vollziehen wird. Denn dieses müssen wir festhalten: der Prinz steht vor den Toren des Sarastro-Reiches, aber er ist erfüllt von den Erlebnissen und dem Wissen, die ihm das Reich der nächtigen Königin gegeben haben. Und es fand sich für ihn bisher keine Ursache, an ihrem Wahrheitsgehalt zu zweifeln. So hat die «Sprecher-Szene» innerhalb des Werkes zentralste Bedeutung.

Sie ist deutlich in drei Abschnitte gegliedert: Taminos Versuch, das Tempeltor zu durchschreiten, der Dialog mit dem Priester und die Gewißheit, die ihm aus dem Innern des Tempels kommt, daß Pamina noch lebt.

Die Unruhe Taminos im ersten Abschnitt der Szene ist an den bewegten Harmonien des Rezitativs abzulesen, die, von C-Dur ausgehend, sich abwechselnd in die Unter- und Oberdominant-Sphäre stürzen: F – d – h – G – e – D. Doch ist Taminos Auge besonnen genug, die eben empfangene Tugendlehre der Knaben in der Architektur des Tempels wiederzuerkennen:

«Es zeigen die Pforten, es zeigen die Säulen,
Daß Klugheit und Arbeit und Künste hier weilen.»

Dieselbe Dreiheit spricht sich aus: Klugheit, gleich der Verschwiegenheit, ein Zeugnis der Weisheit; Arbeit, Zeichen eines «duldsamen» Willens, schließlich die Kunst als unmittelbarster Spiegel der fühlenden Seele.

Es ist die Welt der «drei Könige» des Goetheschen «Märchens», vor der wir stehen: des goldenen, ehernen und silbernen Königs, die eine gewisse Analogie auch in den drei Aufschriften der Tempeltore erfahren: Weisheit, Natur und Vernunft (Kunst).

Taminos erstes Andringen gilt der «Tätigkeit», dem Tempel der «Natur», in dem der «eherne König» seine Taten setzt:

«Ich wage mich mutig zur Pforte hinein.»

Doch der mutige Sechzehntel-Anlauf, mit dem das Orchester knapp und markant Taminos Wollen nachzeichnet, bricht mit einem «subito piano» ab. Erst die Vergewisserung, daß die «Absicht edel und rein» sei, gibt dem Vorsatz Entschlußkraft. Da tönt ihm aus dem Tempel-Innern ein mächtiges, auf einen Trugschluß gestelltes «Zurück!» entgegen. Trugschlüsse, d.h. Ausweichungen der Harmonie in eine andere als die eigentlich erwartete, bergen zwei Momente in sich: sie zögern den Eintritt des Erwarteten hinaus, und sie überraschen dadurch.

Überrascht weicht auch Tamino zurück. Doch der Versuch, den Tempel des «silbernen Königs» zu betreten, scheitert ebenfalls an einem «Zurück».

Aus dem Weisheits-Tempel schließlich tritt ihm der Priester entgegen und wehrt ihm den Eintritt. Keines der Tore also nimmt Tamino auf. Das Tor der «Natur» weist ihn zurück, da der Prinz über diesen Zustand bereits hinausgeschritten ist. Das Tor der «Vernunft» entspricht seiner eigenen Reife. Der Weisheitstempel dagegen birgt die Kräfte, deren Tamino zur Verwirklichung seines wahren Königtums bedarf. Sie zu empfangen, besitzt er jedoch noch nicht die innere Reife und Reinheit.

Musikalisch ist dieses allmähliche Finden der richtigen Pforte mit einzigartiger Feinsinnigkeit gestaltet. Während die trugschlüssige Wendung des ersten «Zurück» Tamino aus seinem anstürmenden D-Dur um vier Quintenschritte in die Unterdominantregion, nach B-Dur, stößt und damit bereits in die Nähe des erstrebten Es-Dur stellt, ist mit dem zweiten Mahnruf eine klare Modulation nach Es-Dur verbunden. Den aus dem Tempel der Weisheit tretenden Priester begleitet reines Es-Dur. Die Musik macht den Bewußtseinsprozeß deutlich, der in Wahrheit hinter dem Begehren Taminos nach Einlaß steht:

«Wo willst du, kühner Fremdling hin?
Was suchst du hier im Heiligtum?»

Würde und Hoheit, aber auch Wärme und Interesse für den Fremdling liegen in dem Arioso dieses Priester-Rezitativs. Und diese edle Gelassenheit, die jedoch nie der inneren Kraft entbehrt, bleibt dem Priester-Melos eigen, auch dort, wo Taminos Emotionen in Zorn gegen Sarastro anstürmen. Dürfen wir doch nicht vergessen, daß Tamino auszog, um Pamina aus den Händen des vermeintlichen «Bösewichts» zu befreien. So zeigt seine Melodik häufig verminderte und übermäßige Intervallschritte, während sich die Priester-Melodie stets in ruhigen, ausgeglichenen Dreiklangsharmonien bewegt.

Höhepunkt in dieser Auseinandersetzung bildet Taminos verzweifelter Aufschrei: «So ist denn alles Heuchelei!» In düsteres b-Moll verstrickt, ist alles Lichte und Klare des anfänglichen C-Dur restlos geschwunden. Tamino hat sich mit dieser Harmonie von der Ausgangstonart am weitesten entfernt; die innere Sicherheit, die ihm die «Weisheitslehre» der drei Knaben geschenkt hat, ist dem Zweifel und der Verwirrung gewichen.

Aber auch das trugschlüssig erklungene B-Dur des ersten «Zurück!», das Tamino den Weg nach dem Es-Dur des Priesters bahnte, hat sich damit völlig verdüstert. B-Dur ist, makrokosmisch erlebt, die von Uranos-Weiten durchtönte Sternentonart, die in den Werken der Meister wiederholt als Ausdruck der Zuversicht, der Hoffnung und Herzensfestigkeit erklingt. Man denke etwa an Bruckners V. Symphonie, an Elsas Jubelgesang im Finale des ersten Aktes von Wagners «Lohengrin» oder an ihre Zwiesprache mit den «Lüften» zu Beginn des zweiten Aktes. Dagegen wird b-Moll, als Parallele von Des-Dur, von den kosmischen Skorpion-Kräften durchtönt. An diesen Harmoniegeheimnissen läßt sich erkennen, wie schwer der Übergang von jener Mondenregion in die Sonnensphäre zu vollziehen ist. Es ist ein Augenblick, wo in Tamino wirklich alles zusammenbricht, was bisher seine Seele mit Hoffnung und Zuversicht erfüllt hat. Ein Prozeß des «Stirb und Werde», der die Opferung alles dessen fordert, was unserer Seele aus Vererbungskräften, aus ihrer Leibgebundenheit erfloß; Preisgabe alles «Verweslichen», in der Erkenntnis, daß in ihm alle Ursachen der Täuschung, des Irrtums, der «Heuchelei» zu suchen sind.

Ohne seine würdevolle Gelassenheit auch nur im geringsten preiszugeben, wird nun auch der Ton des Priesters bestimmter: «Wenn du dein Leben liebst, so rede, bleibe da!» Das klingt wie Zwang und Drohung. Doch ist es nicht die Drohung eines Mächtigen gegenüber dem Schwachen. Die Mahnung, das eigene Leben nicht leichtsinnig aufs Spiel zu setzen, ist Anteilnahme am Schicksal des anderen. Die Notwendigkeit, sie auszusprechen, liegt in Taminos eigenem Willensentschluß, der ihn den Weg in Sarastros Reich suchen ließ. Nunmehr steht er im Vorhof dieses Heiligtums. Seine Herzenskräfte haben ihn das Gesuchte finden lassen. Doch einmal beschritten, muß dieser Weg zu Ende gegangen werden. Im Sinne von Taminos Bewußtseinsreifung gesprochen: die Erwekkung der Ich-Kräfte, der Entschluß, dem Hohen und Edlen nachzustreben, Pamina, die dem Geiste verbundenen Seelenkräfte zu erringen, war

Taminos freie Tat. In der ersten wirklichen Berührung mit der gesuchten «Tempel-Welt» stehend, muß er nun auch bereit sein, die Wahrheit zu erfahren. Ob er sich ihr öffnet und sie aufnimmt, liegt wiederum in der Freiheit seines Wollens; doch muß man den gleichen Freiheits-Raum auch dem «Tempel» zubilligen und den Mysterien Schutz gewähren vor unreifem und unbefugtem Zugriff.

In mannigfaltigster Weise zeigen uns Mythos und Dichtung diese schützende Hut. Denken wir etwa an Shakespeares «Kaufmann von Venedig» und die «Kästchen-Wahl», die mit der Erringung Porzias verbunden ist. Der Freier, der die falsche Wahl trifft, darf *«niemals jemand kund tun, welch Kästchen er gewählt»,* und muß Porzias Reich sofort verlassen. Ähnliches gilt für die zur «chymischen Hochzeit» Geladenen in Valentin Andreaes esoterischer Schrift. Der Freier, der Turandots Rätsel nicht löst, muß sein Leben opfern, auch die «Sphinx» fordert den Tod dessen, der ihre Frage nicht besteht.

Daß es hier nicht gewaltsame Drohung ist, sondern Sorge um Taminos eigenes Heil, hören wir aus dem seelenwarmen, menschlichen Ton des Priester-Melos: «Ist das, was du gesagt, erwiesen?»

Die Frage ist schwerwiegender, als man denken mag. Wenn ein Mysterienhüter sie spricht, ist damit kein juridisches Beweis-Argument gemeint, sondern moralische Verpflichtung. Der gute Glaube, das bloße Für-wahr-Halten von Zusammenhängen, mag für das Leben in der irdischen Alltäglichkeit ausreichende Rechtfertigung sein; für den Initiationsweg genügt es nicht. Der Pfad der Einweihung fordert ein sorgfältiges Sich-Überzeugen von der Wahrheit des Geglaubten und Gesagten. Daß Dinge, die für wahr erscheinen, auch Gegenaspekte haben können, die den Wahrheitsgehalt relativieren, muß Tamino erfahren, als ihm der Priester von der Luziferisierung der weiblichen Wesensnatur spricht.

Indem das Weibliche stärker den astral-ätherischen Wesensschichten verbunden ist als der Mann, ist es den luziferischen Einflüssen in höherem Maße ausgesetzt. Denn es sind verluziferisierte Kräfte des Licht- und Wärmeäthers, die bei der Frau bis in die physische Leibesgestaltung hinein wirksam sind.

«Nehmen wir nun an, es werde in diesem weiblichen Ätherleib dasjenige, was die Erde besonders gegeben hat, das Ichbewußtsein, das zusammenhaltende Bewußtsein herabgestimmt, was manche Leute schon ‹Hellsehen› nennen, eine Art des traumhaften, trancehaften Schauens, dann tritt in einem solchen Falle dasjenige, was Luzifer in Licht- und Wärmeäther verwoben hat, in einer Art

Aura heraus; so daß, wenn Visionärinnen in ihren Visionszuständen sind, sie von einer Aura umgeben sind, welche luziferische Kräfte in sich hat, nämlich die des Wärme- und Lichtäthers.» (23)

Die Gefahr des Irrtums ist in solchen Fällen besonders stark. Eine Folge dieser luziferischen Einflüsse im weiblichen Wesen stellt nun jene Weisheit dar, die aus dem Munde der Sibyllen kam, in der sich alte, atavistisch-dekadente Hellsichtigkeit einer vergangenen «Mutterwelt» noch weit in die christliche Zeit hinein offenbarte. Von diesen Sibyllen sagt Rudolf Steiner:

«Wie aus chaotischen Untergründen des Seelenlebens pressen diese Sibyllen allerlei hervor, was sie über die Zukunft der Erdenentwicklung diesem oder jenem Volk zu sagen haben; namentlich zunächst, was sie zu sagen haben an Grauenvollem, aber zuweilen auch an Gutem. Entfernt von alledem, was man geordnetes Denken nennt, wie aus den chaotischen Untergründen der Seele hervorgehend, preßt sich aus den Sibyllen heraus dasjenige, was sie so sagen, daß man fast jeder Sibylle anhört, ... daß sie mit einem durchgeistigten Fanatismus vor die Menschheit hintritt und den Menschen aufdrängen will, was sie zu sagen hat.» (24)

So steht in den Sibyllen-Prophetien *«Geistvollstes neben vollem Humbugartigem».* *(24)* Gegen dieses verluziferisierte Sibyllentum stellte sich auch das Freimaurertum. Es war dies einer der Hauptgründe, warum man die Frau von dem Initiationsweg ausschloß.

Und dieses «Zungenreden» der Sibyllen steht auch in Wahrheit hinter dem Priesterwort:

«Ein Weib hat also dich berückt?
Ein Weib tut wenig, plaudert viel.
Du, Jüngling, glaubst dem Zungenspiel?»

Sarastro wird es später als «Blendwerk» und «Aberglaube» ansprechen; und Tamino mag bei diesen Worten ein erstes Ahnen kommen über die wahre Bedeutung jenes «Triumphgesanges», den die nächtliche Königin in so berückender Weise anzustimmen wußte.

Durch die Worte des Priesters erfährt auch unsere bereits ausgesprochene Erkenntnis, der «Raub» sei zum Wohle Paminas erfolgt, eine erste Bestätigung. Die Seele muß zu einem bestimmten Zeitpunkt ihrer Entwicklung aus dieser mütterlichen Astralwelt, von der sie zunächst ja ganz erfüllt ist, gelöst und der sonnenhaften Ich-Geistigkeit zugeführt werden. Nur so ist die Umwandlung ihrer Astralität in «Manas» – in die

«Geistverselbstung» möglich. Sarastros Handeln ist bestimmt von dem Wissen um die Korrumpierung der alten Isis-Weisheit durch Luzifer. Die Sonnenkraft muß Luzifer die von ihm «getötete Weisheit» entreißen. Diese Notwendigkeit ist das Motiv, das Sarastro auf Geheiß der Götter zum Raub Paminens bewog; er wird es vor seinen Priestern selbst aussprechen.

Noch kann Tamino jedoch dieses Geheimnis nicht durchschauen, wohl aber fühlt er, wie alles, was früher klar und eindeutig schien, plötzlich seine Konturen verliert und in ein ungreifbares Dunkel versinkt:

«Wann also wird das Dunkel schwinden?»

Die Antwort des Priesters ist in ihrem Melos und seiner Initiations-Rhythmik von mantrischer Weihe:

«Sobald dich führt der Freundschaft Hand
Ins Heiligtum zum ew'gen Band.»

Tamino aber steht im ärgsten Zwiespalt. Das Priester-Melos erklang in a-Moll. Das ist die parallele Molltonart zu C-Dur. Damit scheint sich bloß ein Schatten auf jene harmonische Ebene gelegt zu haben, von der Tamino seinen Ausgangspunkt nahm. Aber übersehen wir nicht: durch das Erscheinen des Priesters wurde er an das Es-Dur herangeführt; und a-Moll steht zu diesem Es-Dur im Tritonus-Abstand. Tamino hat sich also mit diesem scheinbaren Wiederfinden des Ausgangspunktes gleichzeitig am weitesten von diesem entfernt. Denn der Tritonus-Abstand bildet die äußerste Polarität innerhalb des Quintenzirkels. Dieses Erlebnis spricht aus seinen Worten:

«O ew'ge Nacht, wann wirst du schwinden?
Wann wird das Licht mein Auge finden?»

Der ariose Sprechgesang der ersten Verse: «O ew'ge Nacht» –

– ist motivisch ident mit den Worten der Königin: «O zittre nicht, mein lieber Sohn.» Hier ist der Augenblick gekommen, in dem Tamino die Mondensphäre der Königin endgültig in sich überwindet, da er fühlt, daß ihr Wesen es ist, das sich als «ewige Nacht» über sein Bewußtsein legt.

Die Antwort auf sein banges Fragen kommt aus dem Innern des Tempels: «Bald, Jüngling, oder nie!»

Ähnlich wie die Mahnung der drei Knaben, die da lautete: «Sei standhaft, duldsam und verschwiegen», geben auch diese Stimmen der Freiheit Raum. Denn endgültige Antwort kann sich nur der Mensch selbst geben, wie er auch nur allein den Vollzug der Tat setzen kann. In den Celli klingt bei diesen Worten das Einweihungs-Melos des Priesters auf, das den unsichtbaren Stimmen die Weihe eines Orakelspruches verleiht.

«Ihr Unsichtbaren saget mir,
Lebt denn Pamina noch?»

Die geistige Welt selbst antwortet der unsagbaren Herzensnot Taminos. Von geheimnisvoll webender Stille zahlreicher Pausen durchbrochen, tönt es wie aus weiten Fernen an sein Ohr:

«Pamina, lebet noch!»

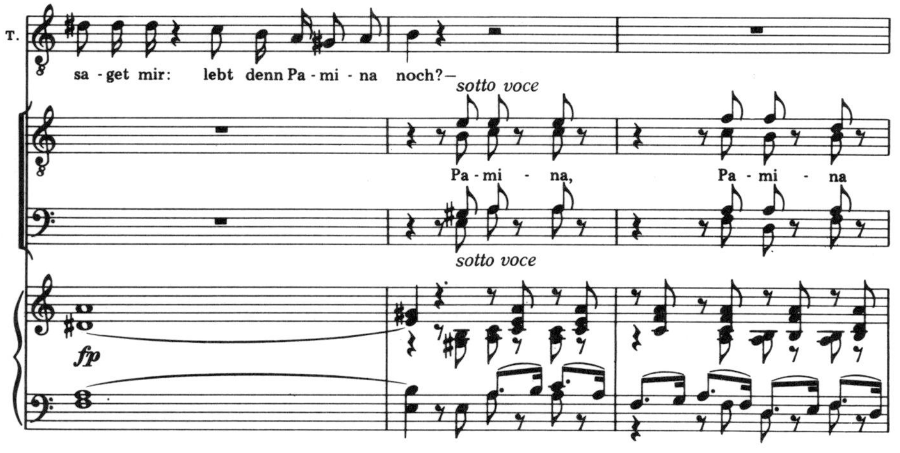

Tamino scheint erlöst von allen düsteren Mondenschatten. Was seine Seele in der Übermacht ihres Glückes an Empfindungen birgt, entströmt als zarte Kantilene seiner Flöte.

Als Blasinstrument gehört die Flöte der dionysischen Welt an. Wie Mozart uns jedoch ihre Wirkenskraft zeigt, geht von ihr gleiche magische Macht aus wie von der Leier Apollos. Ihr «Zauberton» vermag in gleicher Weise die «wilden Tiere» zu zähmen, d.h. die ungeläuterte, reißende Welt der Triebe und Leidenschaften zu besänftigen und zu harmonisieren wie das Instrument des großen antiken Sängers Orpheus. Über diese Wandlung des Flöteninstrumentes zum Sonnenhaften wird noch ausführlich zu sprechen sein; doch scheint uns Waltershausens Frage nach dem Sinn der «wilden Tiere» damit jedenfalls beantwortet. Sie sind nicht als *«Wächter»* des Sarastro-Reiches zu denken, sondern dienen zur Ersichtlichmachung der harmonisierenden Kräfte der Flöte. Diese Wirkung aber läßt es nur zu folgerichtig erscheinen, daß Tamino durch diesen Flötenton Pamina herbeirufen möchte, die er im «Bilde» als eben diese paradiesisch-reine Seelen-Innerlichkeit erschaute.

Allein die Pamina-Imagination der «Bildnis-Arie» war ein Ziel. Das von Luzifer verdorbene, auf seine Erweckung harrende, jedoch vorerst noch der Mutterwelt verbundene Seelentum muß erst geläutert werden; Pamina muß selbst den Weg der Katharsis beschreiten. So kann der Flötenton zwar zu ihr dringen, doch kann er sie nicht zu Tamino führen.

Nur wenige Überleitungstakte führen uns zum vierten Abschnitt dieses Finales, einem heiter-bewegten Zwischenspiel: Paminas und Papagenos Fluchtversuch, mit seinen dahinhuschenden Achtelrhythmen und seinen ruckartigen Sforzati, die uns das Eilen und suchende Innehalten der Fliehenden mit wenig Strichen plastisch erleben lassen.

Taminos Flöte und Papagenos Quintenruf flechten ein erstes zartes Band des Sich-Begegnens zwischen den Liebenden. Aber schon stellt sich in den Violinen jene lauernde Begleitfigur ein, die wir bei der Gefangennahme Paminas als dem Monostatos zugehörig erkannten:

«Ha, hab' ich euch noch erwischt?
Nur herbei mit Stahl und Eisen...»

Das zentrale Geschehen dieses Intermezzos, das seinen geistigen Hintergrund aufleuchten läßt, ist die Magie von Papagenos Glockenspiel, die den Mohren und seine Sklavenhelfer zu unaufhörlichem Tanz zwingt und den Fliehenden den Weg freizugeben scheint.

In seiner naiven Unbekümmertheit greift Papageno zu den Zauberglöckchen, selbst ahnungslos ihrer geheimnisvollen Wirkenskraft.

Und wenn das Glockenspiel plötzlich wie von selbst ertönt, ist er nicht minder überrascht als Monostatos mit seinen Häschern.

Doch dürfte es, in der ungetrübten Papageno-Tonart G-Dur erklingend, trotz seines heiteren, volksliedhaften Melos keine komische Wirkung auslösen. Was sich in den Glöckchen offenbart, ist die Wirkenskraft der ätherischen Welt. Der Ätherleib des Menschen birgt immer die Tendenz in sich, sich mit der Erde mitzudrehen, sich wie die Planeten im Kreis zu bewegen. Er *«gewöhnt sich als Kind nicht so in die senkrechte Stellung hinein»*, die der physische Leib annimmt. *«Der Ätherleib will sich drehen, ... der will tanzen, runde, schöne Bewegungen machen.» (25)*

Der Klang von Papagenos Glockenspiel potenziert diese Wirkenstendenz des ätherischen Leibes so stark – ähnlich wie das Horn «Oberons» –, daß sich der physische Leib ihm unterwerfen muß und zum Tanz gezwungen wird. So ist diese «Verzauberung» durch klangätherische Wirkenskräfte keineswegs ein die Naturgesetze aufhebendes Geschehen, wenn man den Begriff «Natur» nur weit genug faßt und ihn nicht bloß auf das Stofflich-Sichtbare beschränkt.

Mozart verstand es, die bannende Wirkung trotz der Schlichtheit der Melodik eindringlich zu vergegenwärtigen. Der Gesang der Tanzenden: «Das klinget so herrlich, das klinget so schön!» – wird immer wieder von Pausen unterbrochen; Augenblicke des verwunderten Innehaltens und Hineinlauschens in die Äthersphären dieser Klänge.

So ist Verzauberung, nicht Komik das Anliegen dieser Szene.

Da unterbricht ein schmetterndes C-Dur der Trompeten und Posaunen die scheinbar bereits gelungene Flucht und kündigt das Nahen Sarastros an.

Ehe wir jedoch die Handlung zu Ende verfolgen, sei es gestattet, auch Sarastros Wesen aus seinem Namen zu erschließen. Vielleicht wird man die Frage stellen, warum dieser Namensdeutung hier so breiter Raum gegeben wird. Die Antwort kann nur in dem Hinweis auf die einzigartige und einmalige künstlerische Inspiration dieser Namensfindung liegen, die ohne Vorbild tiefste Weisheit zu erschließen vermag und von der wir wohl vermuten dürfen, daß sie weitgehendst Mozarts Genius zu danken ist.

Welche spirituellen Hintergründe offenbaren sich nun in den Lauten von Sarastros Namen? Das S zeigte sich uns als Skorpion- und Schlangenlaut. Und wir sahen mit der Schlange verbunden den «Stab», die «Stütze», das T. Die Schlange war uns das Symbol des Ätherischen, der Stab dasjenige, was diese ätherischen Kräfte beherrscht.

Die Inder nannten sie Kundalini, von kundala = gewunden. Durch bestimmte Übungen des Yoga richtete sich diese Schlange, die am unteren Ende des Rückgrates schläft, auf *«wie ein Stab»* und wird zum *«ätherischen Rückgrat»*. In diesem Sinne wird der die ätherischen Kräfte beherrschende Stab zum *«Stab des Ich»*, zum Stab des Denkens, zum Freiheitsstab unseres heutigen Bewußtseins.

Ursprünglich war der Schlange selber noch die Bedeutung des Stabsymbols eigen. Aber ihre magische Kraft ging verloren, geriet in Dekadenz. Die alte, auf den Ätherleib basierende Hellsichtigkeit schwand dahin. Diese Imaginationskraft mußte übergehen an das Ich.

«Damit das Volk an den Schlangen des nicht mehr beherrschten Ätherischen nicht zugrunde gehe, richtet Moses die eherne, d. h. die durch den Stab des Ich regierende Schlange in der Wüste auf. Die eherne Schlange des Moses ist deshalb auch exakt das gleiche, wie der Schlangenstab der griechischen Äskulapheiligtümer: das Zeichen, in dem der ichhafte Geist siegt über die krankmachenden Seelenreste der Vergangenheit.» (26)

Hier kommt zum Ausdruck, daß nunmehr das Ich fähig wird, den ätherischen Leib zu beherrschen und ihn aus dem Bann des ihm formgleich gewordenen physischen Leibes zu lösen. Mit dieser Ich-Prophetie des Moses, die ja erst durch Golgatha verwirklicht wurde, kommen wir aber zum Gegenaspekt des S-Lautes. Daß die Laute Gegensätzliches in sich bergen und daß vor allem der S-Laut dies erkennen läßt, darauf wurde bereits verwiesen. Als «Skorpion-Laut» ist das S ja auch gleichzeitig der Laut des «Adlers»; dies gilt besonders für das dem S nächstverwandte Z. Der «Adler» und sein gestürztes Gegenbild, der «Skorpion», bergen den Gegensatz von Licht und Finsternis, von Leben und Tod in sich. Im slawischen Alphabeth ist S der Laut der «Erde», im germanischen, gotischen dagegen jener der «Sonne». Im S als «Erde» tritt uns der Todesaspekt entgegen, wie im Namen Monostatos. Im S-Laut als «Sonne» wirkt das Leben; wurde ja doch auf dem alten Sonnen-Zustand der Erde das Leben begründet, indem dort die Veranlagung des ätherischen Leibes erfolgte. Verbunden mit dem A bedeutet dies also das göttliche Urlicht und Leben.

Im Namen «Sarastro» tritt dazu noch das R – der Konsonant des «Stieres», der Wortgewalt; gleichzeitig ist R der Laut des Sich-Fortbewegens. Das R ist gotisch *«reda»*, eigentlich *«raida»* = der Wagen; altind. = *«rátha»*, nordisch: *«Reidh»*, angels. *«Rad»*. Der Name Sarastro birgt also das «Sonnenrad» in sich. Damit schließt sich aber auch der Kreis unserer Wort-Betrachtung. Bedenken wir, daß die Adlerkraft des S-Lautes am stärksten als Z zum Ausdruck kommt, dann ahnen wir, wie diesem Sarastro-«Zarastro» ein Wesenselement das «Zoroaster» (Zarathustra) geheimnisvoll einverwoben ist.

Das Erscheinen Sarastros bedeutet für Pamina einen ähnlichen Schicksalsmoment, wie die Begegnung Taminos mit dem Priester. Durch Sarastro wird sie auf die Sonnennatur ihres Wesens verwiesen. Erst jetzt beginnt sie sich selbst zu ahnen.

Einzigartig vorbereitet ist dieses Gegenübertreten durch Paminas zweimaliges Bekenntnis, die Wahrheit sprechen zu wollen, «sei sie auch Verbrechen»; während sich die ängstliche Kreatur – Pagageno – in ein Schneckenhaus verkriechen möchte – findet Pamina in diesem Entschluß zur Wahrheit genauso das Fundament von C-Dur, wie es Tamino durch die Weisheitslehre der Knaben erfahren hatte. Und es ist von einer überwältigenden Wirkung, wie dieses C-Dur bei dem Worte «Wahrheit» aus dem Dominant-Septimenakkord ersteht.

In zarten Anklängen weist uns die Musik dieses Dialoges: Sarastro – Pamina auf die Seelenvorgänge, die sich in Pamina vollziehen. So ersteht bei Sarastros Worten:

> «Denn ohne erst in dich zu dringen,
> Weiß ich von deinem Herzen mehr...»

Taminos sehnsüchtige Frage wieder: «Soll die Empfindung Liebe sein?» Dieselbe Motivik aber liegt auch Paminas Rechtfertigung zugrunde: «Mir klingt der Mutter Name süße...» Noch spricht die Lippe von der Mutter; das Herz denkt an Tamino.

So wird sie durch Sarastro behutsam auf die wahre Bestimmung ihrer Seele verwiesen. Und wenn Monostatos in serviler Aufdringlichkeit nunmehr Tamino hereinführt, erkennen sich Ich und Seele im ersten Augenblick. Diesem Augenblick wuchsen sie durch die immer stärkere Bewußtwerdung ihres eigenen Wesens entgegen. Von wesentlicher Bedeutung muß es jedoch erscheinen, daß diese erste Begegnung Taminos und Paminas sich vor Sarastro und den Priestern vollzieht. Ihre Liebe und ihr Vereinen steht damit von Anbeginn unter der Obhut des Tempels.

Nicht bedeutungslos sind auch die kurzen Empörungsrufe des Monostatos, mit denen er die beiden aus ihrer Umarmung reißt. Sie stehen nämlich in jenem gleichen g-Moll, in dem die Königin ihren Mutterschmerz, aber auch ihren Königinnen-Haß gegen Sarastro bekannte. Hier spinnt sich der erste erkennbare Faden zwischen der nächtigen Mondensphäre und Monostatos.

Sarastro durchschaut diese verborgenen Zusammenhänge. Die «siebenundsiebenzig Sohlenstreich», die er dem «aufmerksamen» Wächter als Lohn verabreichen läßt, kehren dessen anfängliches großtuerisches F-Dur in ein schwarzes f-Moll, die finsterste aller Harmonien des Quintenkreises.

Der Schluß des Finales stellt die Ausgangstonart C-Dur wieder her. Die Huldigung an Sarastro, der hier mehr als König denn als Eingeweihter vor uns steht, spricht neuerlich das innerste Anliegen des Werkes aus:

«Wenn Tugend und Gerechtigkeit
Der Großen Pfad mit Ruhm bestreut,
Dann ist die Erd' ein Himmelreich
Und Sterbliche den Göttern gleich.»

Überblicken wir die Gliederung des gesamten Finales, so zeigt sie in ihrer Siebenteiligkeit jene Entsprechungen auf, die dem Verlauf der Menschheitsentwicklung als ein Evolutionsgesetz zugrunde liegen. Das Finale begann mit der Tugendlehre der drei Knaben und es schließt mit der gleichen Lehre des Chores. Der siebente Abschnitt spiegelt in verwandelter Form den ersten wider. Der zweite Abschnitt brachte die Begegnung Taminos mit dem Priester, die ihr metamorphosiertes Gegenbild in jener zwischen Sarastro, Tamino und Pamina wiederfindet. Im dritten Finalteil erklang Taminos Flöte; er brachte die Preisung ihres «Zaubertones» durch den Prinzen. Die entsprechende Huldigung an Sarastro bringt der Chor im fünften Abschnitt: «Er ist unser Abgott, dem alle sich weih'n.» Die Achse, um die sich diese Spiegelung bewegt, ist der vierte Abschnitt, das Duett Pamina-Papageno, ihr Fluchtversuch und ihre neuerliche Gefangennahme durch Monostatos; ein Geschehen, das als Wendepunkt keine Spiegelung aufweist.

Der Evolutions-Rhythmus, der dieses Finale durchzieht, ist bis in das formale Element hinein erkennbar und macht einmal mehr deutlich, aus welch menschheitlichen Perspektiven heraus Mozarts Werk gestaltet ist.

Vorbetrachtung

Der erste Akt zeigte uns den Weg Taminos zum Sonnentempel. Mit dem zweiten Aufzug stehen wir im Innern dieses Tempels und damit im eigentlichen esoterischen Geschehen. Taminos wissend gewählter und ebenso bewußt geleiteter Initiationsweg hebt an. Wir erwähnten bereits in unserer einleitenden Betrachtung, daß der esoterische Geist, der diesen Akt durchdringt, seine kultische Weihe und Symbolträchtigkeit Otto Jahn zu der Äußerung bewogen hatte, man würde in diesem zweiten Akt *«ganz auf freimaurerischen Boden versetzt sein»*. Wir sahen darin jedoch kein Hauptkriterium des Geschehens. Was uns vielmehr immer aufs neue mit Bewunderung erfüllen muß, ist die Größe der Inspiration, die voll zu begreifen unserem heutigen Denken kaum mehr möglich ist. Könnten wir es, würden wir nicht so eifrig bemüht sein, immer wieder Äußerlichkeiten heranzuziehen, um das Werk eines Genius zu erklären. Ergießt sich doch die ganze Fülle einer göttlichen Welt in solch ein auserwähltes Gefäß. Mozarts Inspiration erfloß eben aus einer ganz anderen Sphäre, als es der irdische Gleichklang vermuten läßt; wir werden sie noch in aller Konkretheit zu erkennen haben. Sie floß ihm in einer solchen Ursprünglichkeit und so gewaltig, daß ihm selbst niemals der Gedanke auch nur als leisester Anhauch hätte kommen können, das Dargestellte könnte als künstlerische Gestaltung des Logen-Zeremoniells aufgefaßt oder gar als Verrat seiner kultischen Einrichtungen gewertet werden.

In den Symbolen, Riten und Zahlengeheimnissen, die in dem Werk aufscheinen, offenbaren sich letzte und tiefste Wahrheiten, die man die Menschheit seit Urzeiten gelehrt hat und sich immer gleich bleiben. Denn sie sind unvergänglich und nicht dem Zeitenstrom unterworfen. Nur ihre Erscheinungsformen, die Art ihrer Verkündigung ändern sich, da sie dem jeweiligen Bewußtseinszustand der Menschen angepaßt werden müssen. So leuchtet uns in der «Zauberflöte» altes Mysteriengut auf, wie es in der ägyptischen Kulturepoche gepflegt worden ist.

Es mag allerdings Staunen erwecken, daß uns gerade die ägyptischen Mysterien durch Mozart vermittelt werden. Dem Klassiker Mozart, dessen Wesen uns so sehr an den großen apollinischen Sänger Orpheus erinnern kann, müßten die griechischen Mysterien mit ihrer wunderbaren Harmonie von Geist und Materie doch viel näher stehen. Wußte er doch auch in seiner Musik jene Einswerdung der Polaritäten, die völlige Kongruenz von «Ton» und «Klang» zu verwirklichen. Gerade er greift auf ägyptisches Weisheitsgut zurück. Was mag ihn dazu bewogen haben?

Die ägyptische Kultur, die in ihrer ganzen Seelenhaltung noch eine Kultur des «Lauschens» war, des Hineinhorchens in den Kosmos, die in ihrer Bewußtseinshaltung noch gar nicht ganz herabgestiegen war zur Erde, sie müßte notwendigerweise dem klassizistischen Weltgefühl entfernter liegen, als die klassisch-griechische, die sich mit solch offener Hingabe der Erde zugeneigt hatte.

Von der «Hermes-Weisheit» des alten Ägypten sagt Rudolf Steiner, daß wir in ihr alles finden, *«was uns die Welt lichtvoll macht, was uns zeigt, wie der Weltenursprung ist, und wie das Licht hinauswirkt. Aber wir finden in der Hermes-Weisheit nicht die Begriffe, die uns zugleich zeigen, wie in allem Werden ein Früheres in ein Späteres hineinwirkt, wie dadurch die Vergangenheit mit der Gegenwart in Streit kommt, und wie Finsternis sich dem Licht entgegenstellt». (27)*

Dies scheint im Widerspruch zu stehen zu allen Geschehnissen, die sich um Seth-Typhon gruppieren, um den Tod des Osiris und um Isis, die «trauernde Witwe». Die Weisheit des Hermes war eine *«direkte Sonnenweisheit»*, sie beherrschte das, *«was von der Sonne ausgeht. und von der Sonne sich weiterentwickelt». (27)* Hermes Trismegistos war der Inaugurator der ägyptischen Kultur; *«er zeigte dem Menschen, daß die gesamte physische Welt wie eine Götterschrift sei und lehrte ihn die physische Welt schätzen.» (28)* Er ist dadurch der Führer der ägyptischen Menschheit, der ihr «Sternenbewußtsein» hinführt zur Erde. Hier erst setzt der Mythos um Seth-Typhon das Erleben der ägyptischen Seele fort. Die Hermesweisheit selbst aber ist noch ganz durchdrungen von jenem Wissen um die Einheit von Sonne und Erde, von jener Zeit, da Osiris und Isis noch Gatten waren.

Und hier liegt ein tiefer Bezug zu Mozart. Auch der «Licht- und Sonnengenius» Mozart, – mit diesen und zahlreichen ähnlichen Beinamen hat man sein Wesen immer wieder zu charakterisieren versucht –, setzt sich in seinem Werk mit den Finsterniskräften nicht wirklich auseinander. Er nimmt sie zur Kenntnis, weiß um sie, aber in seiner Welt haben sie keinen eigentlichen Raum. Das Ende der «Zauberflöte» wird uns dies unschwer erkennen lassen.

Was also zog Mozart in der «Zauberflöte» mit solcher Hingabe an die ägyptische Mysterienwelt? Waren es gerade jene sphärenharmonikalen Erlebnisse, jenes Hinaus-Lauschen in die Sternenweiten, die Mozart in Bann schlugen, so daß er imstande war, seinem Jahrhundert die Isis-Osiris-Weisheit durch seine Musik wieder zu verkünden?

Als Osiris wurde das göttliche Urwort verehrt, der Geist- und Sinngehalt der Schöpfung. Dieses Schöpfer-Wort befruchtete und versenkte sich in den Schoß der Weltenseele Isis, die Harmonie der Sphären. Durch Osiris empfängt die Sphärenharmonie ihren Sinn und ihre Bestimmung. Und gerade diesen Augenblick der Einswerdung des Götterpaares hält Mozarts Musik im menschlichen Abbild fest. Ist Musik doch jene Kunst, durch die sich unmittelbar das menschliche Ich ausspricht, wenn es sich hineinergießt in die menschliche Seele. In diesem Sinne charakterisiert auch Rudolf Steiner das Wesen der Musik:

«Die Musik enthält also die Gesetze unseres Ich, aber nicht so, wie wir sie im gewöhnlichen prosaischen Leben ausleben, sondern hinuntergedrückt ins Unterbewußte, in den Astralleib hinein, gleichsam das Ich unter die Oberfläche des Astralleibes untergetaucht und dadrinnen, in der Gesetzmäßigkeit des Astralleibes, schwimmend und wogend.» (29)

Bei Mozart steht dieses Wesen der Musik auch im vollen Einklang mit ihrer durch ihn verwirklichten Entwicklungsphase. Denn gerade durch Mozart hat die abendländische Musik ihren reinsten und innigsten «Verseelichungsprozeß» erfahren. Dieser Gleichklang zwischen jener «Verseelichung» der Musik und dem Osiris-Mythos mag Mozart die Ägyptische Mysterienwelt so nahe gebracht haben.

Bei all diesen Parallelen und Analogien zum ägyptischen Mysterienwesen darf man allerdings die Unterschiedlichkeiten der Ebenen nicht übersehen, auf denen sich diese inneren Vorgänge abspielen. Die ägyptischen Mysterien sprachen der Menschheit von den Geheimnissen ihrer Leib-Werdung; sie ließen ihr den Herabstieg aus Sternenweiten zur Erde erkennen. In der «Zauberflöte» jedoch geht es um Ich- und Seelengeheimnisse. Und gerade für sie ist die Musik der Schlüssel. Sie ist es daher auch, die erkennen läßt, was als tiefstes esoterisches Weisheitsgut hinter den Geschehnissen des Dramas verborgen liegt.

Palmenwald

Die szenische Anweisung spricht von *«silberartigen»* Bäumen, deren *«Blätter von Gold»* sind. *«Auf jeder Seite stehen neun Pyramiden, jede mit einem Sitze versehen, vor welchem ein großes schwarzes in Gold gefaßtes Horn steht. In der Mitte befindet sich die größte Pyramide, auch die größten Bäume.»*

Ehe wir auf den Symbolgehalt dieses Szenariums eingehen, wollen wir uns, im Sinne der eben angestellten Betrachtung, den musikalischen Ereignissen dieses Akt-Beginnes zuwenden. Der den Akt einleitende Priestermarsch wie auch die ihm eng verbundene Anrufung des Götterpaares Isis und Osiris durch Sarastro *«haben in die Oper einen eigenen, neuen Klang gebracht, weit entfernt von Kirchlichkeit: man möchte ihn Weltfeierlichkeit nennen». (30)* Schon die Instrumentation erhält durch die Verwendung der von Mozart so hoch geschätzten Bassetthörner, weihevollen mystischen Charakter.

Einen Vorklang dieser feierlichen Introduktion brachte bereits das Larghetto des ersten Finales, als Pamina vor Sarastro stand. Schon dort klangen zum erstenmal Bassetthörner auf. Das Bassetthorn – der Name ist irreführend, denn das Instrument hat nichts mit unserem heutigen Waldhorn zu tun –, ist eine Art Altklarinette, in F oder Es gestimmt, deren Ton ernster und edler als der tiefe Fagotton klingt. Sein Name leitet sich von der früheren gebogenen Form her, die eine halbmondförmige Krümmung aufwies: «Krummhorn.» Obwohl es erst in der zweiten Hälfte des 18. Jahrhunderts in Süddeutschland erfunden wurde, weist es auf jene alten schalmeiartigen Blasinstrumente zurück, deren Corpus aus Tierhörnern gebildet war. Insoferne baut uns dieses Instrument die Brücke zum Szenenbild mit seinen *«großen schwarzen, in Gold gefaßten Hörnern»*. Sind diese doch ebenfalls als Tierhörner zu denken. Die Kuh-Hörner, die Isis als Kopfschmuck trug, waren *«das Symbolum der befruchtenden Urkraft aus dem Weltengeist». (31)* Das Hingewendetsein der Seele zum Geiste, ihr *«empfangendes Wesen»* symbolisieren die Hörner. Der gleiche seelische Empfindungsgehalt liegt aber auch in dem warmen Ton der Bassetthörner.

Der «Marsch der Priester» steht in dem milden Dämmerlicht von F-Dur. Die kosmische Sphäre der «Fische», die aus der F-Dur-Harmonie zu uns spricht, ist Quelle jenes ätherischen Lebensstromes, der alles Physisch-Natürliche durchdringt, selbst jedoch noch kaum irdisch greifbar ist. Jene Kraft, die wir nur wie ein vorfrühlingshaftes Ahnen eines kommenden Werdens in der Natur empfinden, deren Regsamkeit unseren Blicken jedoch noch verborgen ist.

«Gerade in diesem Sinne und aus diesem Grunde ist F-Dur die ‹Natur-Tonart›, hat eine Beziehung zu dem alles Natürliche durchwebenden und durchlebenden ‹Ätherischen› oder ‹Elementarischen› (d. h. dem, was in dem Weben der Elemente Erde, Wasser, Luft, Äther sich offenbart).» (32) Beethovens Pastoral-Symphonie, Schumanns «Träumerei», vor allem aber Amfortas' morgendliches Walderleben nach durchlittener Schmerzensnacht in Wagners «Parsifal», sind ergreifende Zeugnisse für dieses ätherische Weben von F-Dur. Es ist die Stimmung der Erwartung eines anbrechenden Seelen-Morgens, eines neuen Tages, die in der F-Dur-Harmonie webt, uns über die irdische Wirklichkeit hinaushebt und jene ätherische Sphäre erfühlen läßt, in der sich das priesterliche Seelentum bewegt.

Tamino wandelt nun an der «nördlichen Pforte» des Tempels, um nach den Worten Sarastros zu den Priestern «den nächtlichen Schleier von sich zu reißen und ins Heiligtum des größten Lichtes blicken zu wollen». Vom «Schein» das «Sein» zu trennen und aller trügerischen «Maja» sich bewußt zu werden, ist Taminos Wille. Die Sorge und Anteilnahme, die dabei jeder Eingeweihte dem Streben seines Schülers entgegenbringt, hat Hermann Abert in den Klängen der Priester-Introduktion sehr tief empfunden:

«Wir fühlen sofort, daß der Dienst dieser Eingeweihten nicht allein den Göttern gilt, sondern auch den Menschen und ihrer Läuterung. Bei aller Hoheit liegt ein ergreifender Zug von Wehmut über dem Stück, wie von jetzt ab über allen Gesängen der Eingeweihten bis zum Schluß. Diese Vereinigung von Würde und Menschlichkeit offenbart sich gleich in den ersten vier Takten mit ihrer für die ganze Zauberflötenmusik so überaus charakteristischen Trugschlußwendung und dem darauf folgenden sanften Dahingleiten der Melodie in Sextakkordharmonien.» (33)

Der ernste, sorgende Blick des Eingeweihten – wie oft wird auf ihn nicht durch Rudolf Steiner verwiesen; jener Blick, der gewahr werden muß, wie sehr sich Götter- und Menschenwelt immer mehr im Lauf der Evolution voneinander getrennt haben. Der sieht, wie sich die Verweslichkeit des Irdischen immer stärker an das Menschenwesen haftet und wie es immer schwieriger wird, sich mit den Göttern, d.h. mit Osiris zu verbinden.

In schlichtester Innigkeit liegt dieser ganze Empfindungsgehalt in Mozarts Musik. Mit einfacher Tonika-Dominant-Folge beginnend, fühlen wir uns bereits durch den dritten Akkord mit seiner trugschlüssigen Wendung emporgehoben, die aufsteigenden Sextakkorde des dritten Taktes öffnen sich dem Licht, und wenn die erste Periode des Satzes nach acht Takten auf der Dominante C-Dur endet, fließt in ihr Melos der Schlußgesang des ersten Finales ein: «Und Sterbliche den Göttern gleich!»

Diese zweifache Blickrichtung zur «Erde» wie zum «Himmel», beherrscht auch das Bühnenbild: Palme und Pyramide.

Was die Pyramidenform aussprechen will, verraten uns die zahlreich aufgefundenen Pyramidentexte, wie etwa folgender: *«Eine Treppe zum Himmel ist für ihn (den Pharao) gebaut worden, auf daß er auf ihr zum Himmel emporsteigen möge.» (31)*

«In der Pyramidenform, im Verhältnis von der Basis zur Spitze, war die sinnlich-übersinnliche Anschauung des Exkarnationsweges der Seele gegeben.» (31)

Die Monumentalität der Pyramidenbauten machte anschaulich, *«wie die Seele im Tode vom Leibe befreit ihren Weg nimmt in höhere Regionen, den Weg zu Osiris». (31)* Jede Initiation ist ein solcher, mit dem Todeserlebnis verbundener Weg.

Bereits die erste Periode dieser Introduktions-Musik führte uns von der «Basis» dieser F-Dur-Harmonie zur «Spitze» ihrer Dominante, in der «Sterbliche den Göttern gleich werden». Wenn dann nach einem elegischen, von auf- und abwärts schwebenden Melodie-Linien erfüllten Mittelteil die Reprise der ersten acht Takte einsetzt, erfährt diese Wiederholung durch Verkürzung des jambischen Priester-Rhythmus auf Achtelwerte und durch ein dreimaliges Sforzato-Piano (sfp) eine eindringliche Steigerung. *«Es ist, als richteten sich die Priester jetzt erst in ihrer vollen Majestät vor uns auf», (33)* meint H.Abert. Es ist – so dürfen wir sagen – als hätten wir die Spitze dieser Pyramide erstiegen. So war die Pyramide der Menschheit ein Symbol für die von der Erde ausströmenden Kräfte.

«Alles Irdische steht nur eben auf der Bodenfläche der Erde auf, und indem es sich von der Erde entfernt – das alles ist eigentlich nur in Kräften gedacht –, spitzt es sich zu. Also, man fühlte sozusagen das Verbundensein des Menschen

mit der Erde dadurch, dass man ein nach unten Breites und nach oben sich Zuspitzendes darstellte.»(34)

Dieser Kraftstrom findet seinen schönsten Ausdruck in der Pyramidenform. Die Sonnenwirkungen dagegen wurden als Kraftströme erlebt, die sich, von der Peripherie hereinstrahlend, nach unten hin zuspitzen, gleichsam wie in einem Punkt sammeln. Dieses Erlebnis griff zu der aufgefächerten Palmenkrone, die sich in den Stamm hinein, wie in einem «Punkt» sammelt, während man als Ausdruck der irdischen Kraftströme pyramidenartig geformte Pflanzenknospen wählte. Im Bühnenbild wird diese Sonnen-Symbolik der Palme noch durch die goldenen Blätter unterstrichen, während das Silber der Stämme schon in die mondenhafte Verdichtung, und damit zur Erde weist. Rudolf Steiner schildert, wie man diese Verbundenheit des Menschen mit Erde und Sonne einst in Reigentänzen und kultischen Umgängen zum Ausdruck brachte. Diese Sonnen- und Erdensymbole wurden dann im feierlichen Schreiten im Kreise herumgetragen. Darin liegt auch der eigentliche Sinn dieses Priester-Marsches. Auch die Priester umschreiten feierlich das Bühnenrund, von rechts und links auftretend, *«begegnen sich in der Mitte, reichen sich die Hände, kreuzen sich, gehen nach rechts und links vor und treten hinter die Hörner.»* Sie tragen zwar keine Zweige in ihren Händen, aber die Erden- und Sonnenwirksamkeiten bilden als Palmenwald und Pyramiden den Hintergrund dieses Zeremoniells. Wie eine klingende Brücke zwischen Himmel und Erde kann uns der Ton der Hörner dabei anmuten. Ist er doch Ausdruck der Einigkeit ihrer Herzen mit Sarastros Bitte, die Götter mögen sich dem Streben Taminos gnädig und hilfreich erweisen.

Bereits diese Fürbitte läßt uns die Unterschiedlichkeit der Bewußtseinsebene erkennen, auf der sich das hier dargestellte Initiationsgeschehen im Vergleich zur ägyptischen Einweihung vollzieht. Die Worte Sarastros an den Priester, sein Hierophantenamt zu erfüllen, gewähren dem Ich des Neophyten freies Entscheiden:

«Und du, Freund, den die Götter durch uns zum Verteidiger der Wahrheit bestimmten –, vollziehe dein heiliges Amt und lehre durch deine Weisheit beide, was Pflicht der Menschheit sei, lehre sie die Macht der Götter erkennen.»

Ganz anders im Zeitalter der Empfindungsseelen-Kultur, wo der Eingeweihte sein eigenes Denken und Wollen mit magischer Kraft in die Seele des Schülers fließen ließ. Im vierten Mysteriendrama Rudolf Steiners, «Der Seelen Erwachen», spricht der «Wortbewahrer» diese alte

Form der Einweihung an, derzufolge das leibfreie Erlebnis des Neophyten allein erfüllt ist von den Bewußtseinskräften des Hierophanten:

«Verstehn, wohin wir dich im Sinken führen,
Du wirst es erst, wenn du sein Wort befolgst.
Wir schmieden deines eignen Wesens Form;
Erkenne unser Werk, du müßtest dich
Im Weltennichts als Schein sonst völlig lösen.» *(8. Bild)*

Was Tamino jedoch auf seinem Weg durch die Mysterien sprechen wird, wird immer aus seinem eigenen Wesen, seinem Ich heraus gesprochen sein.

Die Hörner-Akkorde der Priester fügen dem uns bereits bekannten jambischen Rhythmus noch eine Länge hinzu und formen ihn dadurch zu einem eigenen Klangfuß: kurz-lang-lang, den man in Griechenland «Bacchius» genannt hat. Bereits in der Ouverture bildete er den Übergang zum Durchführungsteil.

Dieses Metrum fand in den bacchischen und dithyrambischen Gesängen häufig Verwendung, denn es erzeugt *«mit großer Kraft mächtige Affekte». (G. J. Vossius, 1577–1649)* Der Bacchius war ein dionysisches Versmaß, das jedoch dort am häufigsten Verwendung fand, wo sich dionysische Elemente mit apollinischen berührten und durchkreuzten. So etwa, wenn nach L. Preller, Dionysos selbst die *«Laute»* – d. h. das apollinische Saiteninstrument spielte und wie Apollo, als *«Freund und Führer der Musen, als Melpomenos Tänzer»* verehrt wurde. *(35)*

Nach der apollinischen Wirkenskraft der «Flöte» begegnen wir nun auch in diesem Klangfuß einem Phänomen, das auf eine gewisse Verschmelzung des dionysischen mit dem apollinischen Prinzip hinweist.

Neben diesen harmonisch-melodischen und rhythmischen Sinngehalten zeigt auch die Taktstruktur des Priestermarsches ein interessantes Erscheinungsbild. Der symmetrische Periodenbau erscheint uns selbstverständlich, denn er ist ein Wesenselement der «Wiener Klassik». Nicht so selbstverständlich ist jedoch die bestimmte Anzahl der Takte, also der Umfang der einzelnen Abschnitte des Marsches. Der erste Teil ist eine klare a c h t - taktige Periode, gegliedert in Vordersatz und Nachsatz. Der zweite Abschnitt, der Liedform folgend, bringt einen ebenso acht Takte umfassenden Mittelteil, der zur Reprise der ersten Periode führt, die jetzt allerdings um vier Takte erweitert wird, so daß der ganze zweite Teil des Marsches z w a n z i g Takte umfaßt. Der Marsch als Ganzes weist somit 28, mit den vorgeschriebenen Wiederholungen der Teile 56 Takte auf.

Werfen wir einen diesbezüglichen Blick auf den folgenden Bitt-Gesang Sarastros «O Isis und Osiris», so sehen wir, daß er 55 Takte zählt. Damit kommen wir auf eine Zahl, die gewonnen wird aus der Totalität (Summe) der ersten zehn Zahlen; eine «Addition im Sinne der göttlichen Weisheit», wie sie genannt wurde. Davon wird noch später die Rede sein

Der metrische Aufbau der Arie ist von einer wunderbaren Symmetrie. Ihr instrumentales Vor- und Nachspiel umfaßt je vier Takte, wobei der erste Takt des Nachspiels mit dem letzten Takt des Chores zusammenfällt. Melodisch greifen sie zurück auf das Duett Pamina-Papageno: «Wir leben durch die Lieb' allein.» Viertaktik ist der Nachsatz des Priester-Chores, der jeweils die Schlußphrase von Sarastros Fürbitte aufgreift und deren Melos in die Mittelstimmen des Chorsatzes einverwoben wird. Abert nennt diese Verflechtung mit Recht eine *«Eingebung allerersten Ranges»,* da durch sie *«die Worte erst ihren vollen mystischen Ausdruck erhalten». (33)* Damit weitet sich der Chorsatz ebenfalls zu zweimal vier = acht Takten aus.

29 SARASTRO
Laßt sie der Prü - fung Früch - te se - hen. Doch soll - ten sie zu
35
Gra - be ge - hen, so lohnt der Tu - gend küh - nen Lauf, nehmt sie in
42
eu - ren Wohn - sitz auf —! nehmt sie in eu - ren Wohn - sitz auf! (134)
49 Tenore I,II
(SARASTRO geht voraus, dann alle ihm nach ab.)
Nehmt sie in eu - ren Wohn - sitz auf! (123)
Basso I,II

Der Gesang Sarastros dagegen umfaßt zweimal zwanzig Takte. Wir finden also die gleichen Proportionen, wie sie der Marsch der Priester mit den Wiederholungen seiner Teile erkennen ließ. Als Ganzes – Vor- und Nachspiel miteinbezogen –, müßte demnach auch die Osiris-Arie 56 Takte aufweisen. Da Mozart den ersten Takt des Nachspiels aber mit dem letzten Takt des Priestergesanges zusammenfallen läßt, reduziert sich das Stück auf 55 Takte. Die Bedeutung dieser Verkürzung um einen Takt wird uns im Anschluß noch ersichtlich werden.

Dem Melos dieses Gebetes an Isis und Osiris entströmt – vor allem durch seine weit ausholenden Intervallschritte – überpersönliche Weihe. Nur die vom Chor aufgenommenen Schlußwendungen erwecken durch ihre vorherrschenden Sekundgänge den Eindruck eines menschlichen Bittgebetes.

Von gleicher Vollendung ist auch das harmonische Element gestaltet. Als großer Atemzug durchweht die Arie der Aufstieg von der Tonika zur Dominante, den der erste Teil vollzieht, und die Rückkehr zur Tonika im zweiten Teil. Dieser aber weist im Detail eine modulatorische Steigerung und Verdichtung gegenüber dem ersten Teil auf, indem sich das dominantische C-Dur bei den Worten: «Laßt sie der Prüfung Früchte sehen», in ein schmerzliches g-Moll wandelt, um bei dem Gedanken an ein tragisches Scheitern dieser Prüfungen: «Doch sollen sie zu Grabe gehen», in ein schwarzes f-Moll zu versinken. Wunderbar aber die anschließende Rückwendung zu F-Dur, wo die aufklingende Bitte: «Nehmt sie in euren Wohnsitz auf» uns wirklich wie das Sich-Emporheben zur «Spitze», das «Osiris-Werden» anmuten kann.

Unsere ausführliche Darstellung des Taktgefüges hatte jedoch nicht den Sinn, bloß einen diesbezüglichen Aufriß zu geben; vielmehr hatte sie jenes Phänomen im Auge, das in der Mozart-Literatur keineswegs unentdeckt blieb: die Zahlensymbolik, die Mozart in sein Werk hineingeheimnist haben soll.

Nun liegt es unserer Betrachtung zwar völlig ferne, in dieser Richtung zu spekulieren und musikalische Zahlenspielerei zu betreiben. Doch können wir auch nicht achtlos daran vorbeigehen, da uns das Bühnenbild selbst in seiner Anordnung eine gewisse Symbolik erkennen läßt, wir aber andererseits sagten, daß die tiefsten Geheimnisse der «Zauberflöte» in der Musik zu suchen seien. Auch gehört das Wissen um das qualitative Wesen der Zahl mit zu den Schätzen der ägyptischen Mysterien.

Die Anordnung von je neun Pyramiden auf der rechten und linken Seite der Bühne akzentuiert die Zahl neun, bzw. achtzehn. Wobei die Beschreibung des Bühnenbildes insoferne etwas rätselvoll erscheint, da von einer mittleren Pyramide gesprochen wird, welche die größte sein soll. Nun gibt es aber bei achtzehn Pyramiden keine «Mitte», es sei denn, man würde die Symmetrie zerstören. Es könnten entweder zwei, je eine der linken und der rechten Reihe die größten sein, oder es stünde in der Mitte eine eigene, neunzehnte, für sich. Dann wäre die Symmetrie gewahrt.

Der Zahl neun wie der Zahl achtzehn begegnen wir auch in dem dreimaligen und in sich dreifachen Hornruf der Priester. Jeweils 3 mal 3 = 9 Akkordstöße, sechs Takte umfassend, bilden einen Ruf. Da er dreimal erklingt, ergeben sich achtzehn Takte. Die Zahlen drei, neun und achtzehn werden also musikalisch deutlich formuliert.

Zu den achtzehn Priestern tritt aber noch Sarastro mit jenen zwei Hierophanten, die Tamino und Papageno auf ihrem Einweihungsweg geleiten. So daß die Anzahl der Priester im ganzen 21 ergibt, und die Zahl 3 auch in Verbindung mit der Sieben steht (3 mal 7 = 21), die jedoch nur indirekt, der äußeren Anordnung verborgen, an der Gruppierung beteiligt ist.

Im Priestermarsch und in der Sarastro-Arie sind es vor allem die Zahlen acht und zehn. Wobei sich die Acht aus dem klassischen Periodenbau wie von selbst ergibt, und kaum ein Spezifikum darstellt. Anders dagegen verhält es sich mit den zweimal zehn Takte umfassenden Abschnitten in Marsch und Arie. Ihr Gesamtbau zeigt die uns schon bekannte «wunderbare» Zahl 55, beim Marsch die Takt-Anzahl 28, bzw. 56. Wieder tritt uns hier, rein von der Zahl her betrachtet, die Sieben, diesmal in Verbindung mit der Acht (8 mal 7 = 56) als ein strukturelles Element entgegen, obwohl sie in der effektiven Takt-Gliederung nicht erkennbar ist.

Von diesen, in der Taktstruktur aufscheinenden Zahlenwerten wollen wir einige, wenn auch nur skizzenhaft, auf ihren Symbolgehalt untersuchen, der ihnen in den ägyptischen Mysterien zuteil wurde.

Die Zahl drei barg auch für die ägyptische Esoterik das «Mysterium magnum», das Geheimnis der Trinität, und ist eng mit dem Isis- und Osiris-Mythos verbunden. Da dieser Mythos auch weithin für die Handlung der «Zauberflöte» von Bedeutung sein wird, sei er hier kurz wiedergegeben. Wir folgen bei dieser Zusammenfassung der Darstellung

Ernst Bindels, der selbst wieder die Plutarch'sche Überlieferung vermittelt:

Nach dieser Überlieferung *«waren in einer Urzeit Osiris und Isis miteinander einheitlich verbunden, Isis war dem Osiris nicht bloß Schwester, sondern auch Gemahlin. Beide herrschten über Ägypten und führten über das Land eine Art goldenes Zeitalter herauf. Der Ägypter scheint hier auf diejenige Epoche seiner Existenz zurückzublicken, wo das Bewußtsein der Menschheit noch auf die vereinheitlichenden Kräfte des Weltalls gerichtet war.*

Dann aber, so heißt es weiter, brach eine feindliche Macht in Gestalt des Seth (griechisch Typhon), des ägyptischen Satan, herein, tötete den Osiris und zerstückelte seinen Leichnam. Die Herrschaft des Osiris über das Land Ägypten erreichte damit ihr Ende. Osiris gelangte in die Unterwelt und wurde dort zum Herrscher über die toten Seelen. Isis blieb als Witwe zurück und gebar dem Toten den Sohn Horus.» (36)

In dieser Wendung wird jener Augenblick in der Menschheits-Werdung sichtbar, in welchem sich der Mensch der trennenden, *«in den Zwiespalt hinein führenden Kräfte bewußt wurde». (36)* Des Horus Mission wird es sein, die Ermordung des Vaters an Seth-Typhon, welche der Bruder des Osiris war, zu rächen.

So tritt uns in Osiris, Isis und Horus das Geheimnis der Trinität in der vorchristlichen Form von Vater, Mutter und Sohn entgegen, die der Zahl drei ihre einzigartige, über alles sich erhebende Wertung gab. Sie bildete den *«Herzschlag»* der ägyptischen Kultur. Daher ist es nicht verwunderlich, daß wir ihr in den mannigfaltigsten Phänomenen begegnen. So etwa in der Einteilung des Monats in drei Abschnitte, die Gliederung des Jahres in «Sha», «Pre» und «Shemu», in Aussaat, Überschwemmung und Ernte, oder bei der ägyptischen Harfe, die ursprünglich mit drei Saiten bespannt war, wie Diodorus berichtet, *«wovon die tiefste ein Sinnbild des Winters, die mittlere ein Sinnbild des Frühlings, die höchste ein Sinnbild des Sommers war». (37)* Am eindringlichsten manifestiert sich die Herrschaft der Dreizahl im ägyptischen Grabbau, dessen Gipfel die Pyramide bedeutet.

In diesem Zusammenhang ist auch die Darstellung Ernst Bindels über das Walten der Siebenzahl sehr aufschlußreich, weil sie eine gewisse Parallele zu unserer Taktstruktur aufscheinen läßt:

«Wie nun unter den Zahlen nur das Senarium (die Zahlen 1 bis 6) eine dem Menschen zugängliche Beziehung zur Tonwelt besitzt und die Siebenzahl in eine schon übertonliche Sphäre entrückt ist, von der aus sie den Bereich des Sena-

riums überstrahlt, so kann man auch an den Pyramiden das Klingen der ersten sechs Zahlen erleben und die Siebenzahl als geheimnisvoll verborgene Regentin des Ganzen nachweisen ... Sie wird überall da gesucht werden müssen, wo es entweder auf die Zusammenfassung von Teilen zu einem Ganzen oder umgekehrt auf die rechte Gliederung eines Ganzen in die Teile ankommt, ohne daß diese Zusammenfassung resp. Gliederung sich dem Auge sichtbar macht.» (36)

Ein ähnliches, zusammenfassendes und verborgenes Element der Zahl sieben konnten wir an dem Gesamtumfang von 28 resp. 56 Takten vermerken.

Die Zahl neun genoß in Ägypten vor allem als gesteigerte, potenzierte Dreiheit Verehrung. In diesem Sinne ist auch der Hornruf der Priester gegliedert.

Zehn war den Ägyptern eine heilige Zahl, die ihr Leben bis in den Alltag hinein formte, da der Ägypter immer 10 Tage zu einer höheren Einheit, einer Woche, zusammenfaßte. Während des Zeitraumes von 10 Tagen rückt die Sonne in ihrem Jahreslauf am Himmel um ein bestimmtes Stück weiter. Ungefähr 36 solcher Abschnitte umfaßt das ägyptische Jahr, so ergab sich *«auf diese Weise eine Einteilung der jährlichen Sonnenbahn, bzw. des Himmelsäquators als ihrer Projektion in ebenfalls 36 Abschnitte, die sogenannten Dekangestirne oder Dekangestalten». (38)* Das ägyptische Jahr umfaßte damit 36 Wochen zu je 10 Tagen, plus einen Rest von fünf Tagen, die nicht zu dem eigentlichen Jahr gerechnet wurden. *«An ihnen feierte man die Geburtstage von fünf Göttern des Osiriskreises.» (38)* Solche *«Dekangestalten»* weist sowohl der Gesang Sarastros als auch der zweite Teil des Priestermarsches auf, die jeweils zweimal zehn Takte umfassen.

Die Acht, bildlich dargestellt durch zwei ineinandergeschlungene Quadrate, ist Symbol des Zeugenden und Empfangenden im Stande der Unschuld, der unegoistischen liebenden Hingabe. Im Bilde dieser ineinandergeschlungenen Quadrate war die Acht *«der adäquate Ausdruck des geeinten väterlich-mütterlichen Schaffens». (38)* Wir blicken mit der Acht somit auf eine Zeit zurück, in der die entzweienden typhonischen Gewalten noch nicht wirksam waren, Isis noch als Gemahlin an der Seite des Osiris stand.

In der altägyptischen Götterlehre wird – ähnlich wie in anderen antiken Mythologien – von einem Urgrund gesprochen, der aus sich eine Achtheit von göttlichen Wesen hervorgehen läßt, *«die sich in eine männliche oder väterliche und eine weibliche oder mütterliche Vierheit gliedern: dem geheimnisvollen Abgrund des schöpferischen Nichts entspringen vier Götter und vier Göttinnen». (38)*

Mit dieser Zahl acht ist aber auch das Wesen der Vier, wie wir sehen, eng verbunden. Denn sie stellt ja eine doppelte Vierheit dar. Damit stehen wir gleichzeitig beim Menschen. Denn die Zahl vier galt seit dem Altertum als die Zahl des Menschen. In seinem irdischen Dasein ist er nur durch die Vier zu begreifen. *«Drei Naturreiche bauen sich unterhalb des Menschen stufenweise auf, die Reihe von Stein, Pflanze und Tier. Er selber faßt sie in sich zusammen und bildet das vierte, über ihnen stehende Reich.» (38)*

Durch den Sündenfall und der damit erfolgten Geschlechtertrennung ist der Mensch nun ebenfalls in diese Paarheit einer zweifachen Vier hineingeworfen worden. Die Bildung des Menschenleibes kam nach dem Sündenfall durch eine «unheilige» Vereinigung zweier getrennter Vierheiten zustande. Dieser unheiligen Paarung beider Vierheiten, die nur um ihrer selbst willen erfolgte und der Lust gehorchte, die sie zueinander trieb, läßt sich aber eine «heilige» Paarung entgegenstellen, welche die Wiedergewinnung der verlorenen Einheit im Auge hat.

«Je nachdem, wie die nun einmal in die Polarität des Männlichen und des Weiblichen gespaltene Menschheit dieselbe wendet, vermag aus ihr Heil oder Unheil hervorzugehen; dieselben Wege, welche den Menschen von seinem Urzustand hinweggeführt haben, können ihn auch wieder zurückführen, wenn er nur die umgekehrte Richtung einschlägt.» (38)

Diese Einheit neu zu gewinnen, ist Taminos und Paminas Streben.

«Mann und Weib und Weib und Mann,
Reichen an die Gottheit an.»

Und von der ersten Begegnung an steht ihre Liebe unter der Hut des «Tempels».

Die Verwirklichung dieser Einswerdung faßte man durch die potenzierte Achtheit in der Zahl 64. Um dorthin zu gelangen, mußte allerdings der «Ring» durchbrochen werden, der den Menschen seit dem Sündenfall an seine Geschöpf-Natur fesselte. Damit der von widergöttlichen Mächten korrumpierte Astralleib zu Manas werden kann, muß der Mensch über sich selbst hinauswachsen. Er muß mehr werden, als er im Augenblick ist; oder um mit dem schönen griechischen Vers nochmals den Weg Taminos und Paminas zu charakterisieren:

*«Werde, der du bist, nachdem
Du es gelernt hast, wer du bist.»*

Dieses Über-sich-Hinauswachsen, um damit in Wahrheit zu sich selbst zu kommen, können wir zahlensymbolisch in zweifacher Art ausdrücken. Man kann die Summe der ersten 10 Zahlen ins Auge fassen, welche die Zahl 55 ergibt. In diesen ersten zehn Zahlen sah die Mystik das ganze Menschsein umschlossen. Es war auch die Meinung der Weisen älterer Zeiten. Man nannte diese Art der Addition, die ersten zehn Zahlen in eine einzige, nämlich 55, zusammenzufassen, *«eine Addition im Sinne der göttlichen Weisheit. Somit bezeichnete die Zahl 55 die Grenze der Menschlichkeit.» (38)*

Eine Überschreitung dieser Grenze liegt in dem Übergang zur Zahl 56.

Eine andere Möglichkeit, den «Ring» aufzubrechen, gewährt die Zahl 7. Von dieser Zahl sagt Rudolf Steiner.

«Sieben ist die Zahl der Vollkommenheit. Am Menschen selbst können Sie sich das klar machen. Er ist heute in der Fünfzahl, insofern er ein gutes oder böses Wesen ist. Als Geschöpf ist er in der Vierzahl. Wenn er alles ausgebildet haben wird, was im Keim in ihm enthalten ist, dann wird er ein siebengliedriges, in seiner Art vollkommenes Wesen sein.» (39)

Die Siebenheit umspannt den Weg des Menschen durch den Zeitenlauf. Was sich in der Zeit vollzieht, vollendet sich im Rhythmus der Sieben; und ihre Potenzierung: 49, schließt immer eine große Werdensrunde ab. Wir denken dabei etwa an die Apokalypse des Johannes, in der sich alles zeitliche Geschehen in Siebener-Runden vollzieht: sieben Sendschreiben, sieben Siegel, sieben Posaunen und sieben Zornesschalen. Will man diesen Zeiten-Ring durchbrechen, muß man über das «Sieben-mal-Sieben» hinausgehen. Der erste Schritt dorthin, das «Acht-mal-Sieben», führt uns neuerlich zur Zahl 56.

Im Wesen dieser Zahl stehend, haben wir die uns gesetzte «Schwelle» überschritten, ohne daß uns das zu erstrebende Ziel schon in greifbarer Nähe wäre. So stehen wir auf schwankem Boden, denn der Ausgang dieser «Grenzüberschreitung» ist noch völlig ungewiß. Daher ist die Zahl 56 wie eine Krisis, in der die Entscheidung fällt.

Und nun blicken wir noch einmal auf den Priester-Marsch und Sarastros Gebet zurück. Zweimal 28 Takte umfaßte der Marsch der Priester. Dagegen weist Sarastros Gebet jene weisheitsvolle Zahl 55 auf, so daß man auch durch die Zahlensymbolik der Takte ein wunderbares Bild erhält von dem gefahrvollen Weg der Initiation; wie nahe er auf eines Messers Schneide über den Abgrund führt. Sarastro schließt in den 55

Takten seines Gebetes den Menschen ein, die nach «Tugend», «Verschwiegenheit» und «Wohltätigkeit» fragenden Priester weisen mit ihrem 56 Takte umfassenden «Umgang» auf die Gefahr, das Risiko und die Ungewißheit von Taminos bevorstehendem Einweihungsweg.

Diese mehr als lückenhafte Darstellung ägyptischer Zahlensymbolik, die wir in absolut undogmatischer Weise dem metrischen Aufbau des Akt-Beginnes gegenüber gestellt haben, sollte allein den Zweck verfolgen, Zeugnis dafür abzulegen, daß es sich – will man in Mozarts Musik schon nach derartigen Symbolen suchen – auch hier um altes ägyptisches Mysteriengut handelt. Denn alles, was später formuliert wurde, von Pythagoras bis St. Martin, fließt mit seinem Wesensgehalt aus ägyptisch-chaldäischer Weisheit, die selbst wiederum auf die Inauguration Zarathustras zurückweist.

Gewiß ließen sich in dieser Richtung noch aufschlußreiche Entdeckungen erzielen. Doch wollen wir auf diese Thematik im folgenden nicht weiter eingehen. Denn derartige Bemühungen können nur dann wirklich Fruchtbares erzielen, wenn ein tiefes Eindringen nicht nur in die musikalischen Disziplinen wie Harmonielehre, Formenlehre usw. gewährleistet ist, sondern auch ein umfassendes Wissen von den Gesetzen der Arithmetik und Geometrie vorausgesetzt werden darf. Betrachtungen über Musik und Zahl werden nur dann nicht in Spekulation und Sensationshascherei ausarten, wenn beide wieder im Sinne der alten «artes liberales» zu einer fundamentiert erarbeiteten quadrivialen Einheit werden.

Die oft gewiß frappierende Übereinstimmung zwischen den Gesetzen der Musik und der Mathematik, muß uns jedoch nicht in Staunen versetzen. Daß sie beide im «Quadrivium» vereinigt waren, ist ja auch nicht Willkür spekulierender Gelehrter gewesen. Man wußte vielmehr von ihrem geistigen Zusammenhang. Und wir wissen heute durch Rudolf Steiner von dem Wesen des Klangäthers, der ebenso der chemische – wie der Zahlenäther genannt wird. Die sphärenharmonikalen Wirkenskräfte sind klangätherische Kräfte. Nach dem *«Ton»* der Sphärenharmonie vollzog sich der *«Tanz der Stoffe» (R. Steiner),* als die Erdenstofflichkeit erst bis zur wässrigen Materie verdichtet war, und diese Wasser-Erde noch alles in sich barg, was später als feste Stofflichkeit, als Mineral, Metall usw. herauskristallisierte.

Der «Tanz der Stoffe» aber war kein ungezügeltes chaotisches Treiben. In der Welt des Devachan, in der die klangätherischen Wirkenskräfte urständen, ist alles nach «Maß» und «Zahl» geordnet. So vollzog sich dieser «Tanz» nach exakten Zahlen-Proportionen, die uns heute noch aus der Beschaffenheit der Stoffe, ihren gegenseitigen Beziehungen, ihren Gewichten, Rhythmen usw. entgegentönen. Kepler hat sie den Sternenbahnen abgelauscht.

Der Musiker aber lebt unmittelbar in dieser «musica mundana». Aus ihr empfängt er seine Inspiration. So liegt es im Wesen der musikalischen Kunst, daß sie dort, wo sie sich in reinster Vollendung entfalten kann, auch jene klangätherischen Zahlengeheimnisse offenbart, die einst in den Mysterien gehütet und gelehrt worden sind.

Damit haben wir auch jenen vorhin nur angedeuteten Inspirationsquell konkret angesprochen, der Mozart in so überreichem Maße floß; die klangätherischen Wirkenskräfte der devachanischen Welt. Wie sehr mußte sich der Genius Mozart nicht jenem Hinauslauschen in die Sphären innerlich verbunden fühlen, das die innere Seelenhaltung der ägyptischen Kultur auszeichnete. Nicht was in dem tagwachen Bewußtsein des Erdenmenschen lebt ist dabei das Wesentliche, sondern was die unsterbliche Individualität mit ihrem Bewußtsein umfängt. Die «Zauberflöte» ist Zeugnis dafür, wie stark in ihr dieses Wissen um Ägyptens Weistümer lebendig war.

Kehren wir nach diesem weiten Umweg zur eigentlichen Handlung unseres Dramas zurück, so wird es uns nicht verwundern, wenn auch der Initiationsweg Taminos im wesentlichen dem ägyptischen Vorbild folgt. Er vollzog sich in vier Stufen. Rudolf Steiner hat darüber eine Fülle von Darstellungen hinterlassen. Seine Ausführungen lassen erkennen, daß allen Mysterien gewisse Stufen gemeinsam waren, die der Neophyt zu ersteigen hatte, gleich ob es sich um eine morgenländische oder abendländische Einweihung handelte. Die erste, ihrem Wesen nach die eigentliche Einweihung vorbereitende Stufe war die Läuterung, durch die der zur Einweihung strebende Adept alles hinter sich lassen mußte, was ihn noch an die niedere Stoffeswelt gebunden hielt.

Nun hörten wir, daß Tamino «an der nördlichen Pforte des Tempels wandelt». Im Norden steht in Goethes «Märchen» der «gemischte König», bei dem die drei Seelenkräfte noch ungeordnet ineinanderwogen. Jetzt ist uns auch die Antwort gegeben, warum Tamino durch keines der drei Tempeltore Einlaß finden konnte. Noch fehlt es ihm an der notwendigen Läuterung und inneren Klarheit seiner Seelenkräfte.

Kurzer Vorhof des Tempels – Nacht

Diese Stufe der Katharsis liegt in der Ermahnung der Priester:

«Bewahret euch vor Weibertücken:
Dies ist des Bundes erste Pflicht.»

Wiederum wird die durch Luzifer korrumpierte Seelenwelt angesprochen, die «Eva-Natur» der Seele mit ihrer von Begierden erfüllten Astralität. Eine ähnliche Warnung mußte Christian Rosenkreuz erfahren, als er unerlaubterweise hinunterstieg in das Gruft-Gemach der Venus-Aphrodite; dort stand zu lesen:

«Hier liegt begraben Venus,
die schöne Frau, so manchen hohen Mann
um Glück, Ehre, Segen und Wohlfahrt gebracht hat.»

(Chymische Hochzeit)

Wir vermuten gewiß richtig, daß diese Warnung der Priester in erster Linie auf Papageno abzielt. Schon die Tempobezeichnung «Allegretto» läßt erkennen, wie sich hintergründiger Ernst in ein humorvolles C-Dur tarnt. Man achte auch auf die Akzente, die das Melos den Worten «euch», «Bundes» und «Mann» verleiht. Der vierte Vers dagegen: «Er fehlte, und versah sich's nicht», erfährt eine andere Rhythmisierung, wodurch die Worte «er fehlte» besondere Hervorhebung erhalten. Mit den Worten «Verlassen sah er sich am Ende», hebt eine Steigerung an, die ihren Gipfel auf einem E-Dur-Akkord findet: «Vergebens rang er seine Hände.» Mit Einbeziehung von Trompeten und Posaunen klingt im ängstlichen Staccato – sotto voce – das kurze, in zweiteiliger Liedform gestaltete Sätzchen aus: «Tod und Verzweiflung war sein Lohn.»

Organisch und folgerichtig schließt sich an diese «Warnung» das Quintett mit den «drei Damen» an. Es mag uns überraschen, ihnen plötzlich im Innern des Tempels zu begegnen. Ihre kosmische Natur ist uns bekannt, auch wissen wir um ihr Wirken in der menschlichen Seele. Tamino und Papageno tragen sie in sich und bringen sie dadurch in den Tempel. Diese an die sinnliche Leibesnatur gebundenen Seelenkräfte werden in dem Augenblick rege, da die hohe Ich-Natur zu deren Überwindung aufgerufen ist. Das Erscheinen der drei Damen macht uns die Absolvierung der ersten Einweihungsstufe durch Tamino ersichtlich. Ihr Kommen ist eine innere Notwendigkeit. Denn ohne daß diese «Eva-Natur» in uns versucht ihre Kräfte zu entfalten, ihre Reize, Tücken und Verlockungen spielen zu lassen, könnte ihre Läuterung und Überwindung niemals Tat werden.

Die Melodik der einzelnen Phrasen läßt die Absicht der drei Verführerinnen nur zu deutlich erkennen: Koketterie in den kurzen, von synkopierten Rhythmen gezeichneten orchestralen Zwischenspielen, Überrumplung durch die furchterweckenden Akkordstöße: «Wie? wie? wie? ihr an diesem Schreckensort?» und Verleumdung in den schlangenhaft sich windenden Achtelrhythmen: «Man zischelt viel sich in den Ohren von dieser Priester falschem Sinn.»

Wie sehr Tamino jedoch diesen aus unterbewußten Seelengründen aufsteigenden Kräften bereits zu gebieten und sie zu beherrschen weiß, zeigt die Melodik und der ruhig fließende Rhythmus seines Gesanges, die beide die priesterliche Gelassenheit der Sarastrosphäre widerspiegeln:

> «Ein Weiser prüft und achtet nicht,
> Was der gemeine Pöbel spricht.»

Anfälliger – und dies ist nur zu selbstverständlich – muß Papageno jenen leibverbundenen Seelenkräften gegenüberstehen. Zeugt ja schon die Tonart G-Dur dafür, daß sich Papageno heimatlich berührt fühlen muß. Auch das nicht endenwollende «Gerede» und «Gezischel» der drei Damen, das selbst dann noch nicht verstummt, als es sich gestehen muß: «Vom festen Geiste ist ein Mann, er denket, was er sprechen kann», ist Papagenos eigenem Wesen mehr als vertraut. Dennoch ist auch Papageno in ihr Eingeständnis: «Wir müssen sie mit Scham verlassen, es plaudert keiner sicherlich!» siegreich miteinbezogen.

Die mit einem gewaltigen Unisono einsetzenden Stimmen des unsichtbaren Chores bereiten dem Gaukelspiel jedoch ein jähes Ende:

«Entweiht ist die heilige Schwelle!
Hinab mit den Weibern zur Hölle!»

Synkopierte verminderte Septakkorde, Sechzehntelfiguren der Streicher und ein ständiger Wechsel von Forte-Piano, der sich schließlich zu einem Fortissimo steigert, begleiten den Sturz, bzw. die Überwindung dieser korrumpierten Mondenkräfte. Doch nicht im Sinne des Eingreifens einer höheren Gewalt ist dieses Urteil zu verstehen. Es bestätigt vielmehr, was Taminos Starkmut vollzogen hat. Sein Verhalten bekräftigt die Hoffnung, die Sarastro vor den Priestern in ihn gesetzt hat:

«Das Weib – ‹die sternflammende Königin› – dünkt sich groß zu sein, hofft durch Blendwerk und Aberglauben das Volk zu berücken und unsern festen Tempelbau zu zerstören. Allein, das soll sie nicht. Tamino, der holde Jüngling selbst, soll ihn mit uns befestigen und als Eingeweihter der Tugend Lohn, dem Laster aber Strafe sein.»

Mit einer abschließenden g-Moll-Kadenz und Papagenos dreimaligem «O weh!», versteht es Mozart erneut, in vier Takten den tragischen Ernst, der im Hintergrund dieser Szene steht, in liebevollsten Humor überzuführen.

Garten

Wie uns der erste Akt eine Parallelität der Erlebnisse von Tamino und Pamina aufgezeigt hat, so führt uns auch jetzt der Szenenwechsel zu Pamina. Wir erinnern uns des Wortes Rudolf Steiners in bezug auf die Geschlechtertrennung: *«Man kann nun sagen, daß der männliche Leib eine weibliche Seele, der weibliche Leib eine männliche Seele hat.» (22)* Wobei der Begriff Seele hier das an die physische Leiblichkeit gebundene Ätherisch-Astrale im Auge hat, das bis zu einem gewissen Grade den in der Vererbung wirkenden Mondenkräften unterliegt.

Etwas von dieser gegenteiligen Polarität schimmert auch im gegenwärtigen Handlungsgeschehen hindurch. Taminos Erlebnis mit den drei Damen steht Paminas neuerliche Bedrohung durch Monostatos gegenüber.

Hat Mozart die luziferischen Mächte in den drei Dienerinnen der Königin noch mit leichter Ironie gezeichnet, – verführerisch lockend –, so läßt er in Monostatos die triebhaft-gemeine Lüsternheit sich offenbaren. Hermann Abert hat dies treffend charakterisiert:

«Im Gegensatz zu Papageno vertritt Monostatos die Liebe in ihrer niedrigsten, verzerrten Gestalt als gemeine Lüsternheit. Die Mondscheinszenerie ist dabei nicht bloß äußerlicher Schmuck, sondern mit der ganzen Stimmung aufs engste verwachsen und vor allem auch zum Verständnis der Musik notwendig.» (33)

Wir haben Monostatos als das völlig verhärtete, von allen Lebensquellen abgeschnürte ätherische Wesenselement erkannt, das mit dem Verweslichen der physischen Leiblichkeit fest verbunden ist und nur Trieb und Selbstsucht kennt. Wir sprachen von einem Mondenhaften, das uns wie ein toter Schlackenrest anmuten kann.

Diese verhärtetsten Mondenkräfte wollen sich der einen «weißen» Seele – dem seelischen Abbild des Geistes – bemächtigen; der «Mond» selbst soll dazu sein Antlitz verbergen. Mozart hat die ursprüngliche Tempobezeichnung der Monostatos-Arie, ein Allegretto, in ein Allegro umgewandelt und wollte, daß *«alles so piano gesungen und gespielt»* werden soll, *«als wenn die Musik in weiter Entfernung wäre»*.

«Entfernt» aber nicht nur für den räumlichen Wirklichkeitsbezug des gegenwärtigen Geschehens; entfernt auch für die Verwesentlichung. Monostatos, als ein ahrimanisches Prinzip, das Endpunkt aller luziferischen Wirkenskräfte ist, bedeutet auch für die Königin der Nacht einen «entfernten» Machtbereich; den äußersten Horizont jener dekadent gewordenen Mutterwelt, mit der Pamina immer noch in einer gewissen Weise innerlich verbunden ist. Aber dadurch, daß Pamina ja Tamino als höhere Bestimmung, als Ich, seit ihrer Begegnung vor Sarastro in sich trägt, kommt es zu einem Kampf in der Seele, der nach Entscheidung drängt. Die niederen Schichten wehren sich, da das Ich plötzlich seine Herrschaft antritt. Diese Tatsache ruft beide auf den Plan: Monostatos wie die Königin.

Es darf in diesem Zusammenhang darauf verwiesen werden, daß Goethe in seiner – leider Fragment gebliebenen – Fortsetzung der «Zauberflöte», die wir im Anschluß an Mozarts Werk betrachten wollen, diese Beziehung des Monostatos zum Mondenreich voll zur Darstellung bringt, indem er ihn zum Geliebten der Königin werden läßt.

Sein Gesang: «Alles fühlt der Liebe Freuden...», ist von durchgehender Asymmetrie. Die einleitende Periode des Vorspiels ist zu neun Takten erweitert, durch die Dehnung des ersten Taktes der Arie «Al – les fühlt...» erhält der Vordersatz 5 Takte, während der Nachsatz 4, bzw. durch die Wiederholung seiner Schlußwendung 7 Takte aufweist.

Das Melos ist spitz, zeigt in seiner Entfaltung wenig Varianten, gefällt sich vielmehr darin, seine simple Linie immer aufs neue zu wiederholen und windet sich mit seinem Hauptmotiv schlangenartig, mit wilder Verbissenheit um den Ton C. Alles scheint ungeordnet und chaotisch und spricht von Monostatos' Primitivität und ungebändigtem Wesen.

Die Harmonie dieses Gesanges ist ein oberflächliches C-Dur, das mit seinen monoton dahinjagenden Sechzehntel-Rhythmen nichts von jenem kosmischen «Widder-Gehalt» durchtönen läßt, der dieser Harmonie eigen ist.

Der Augenblick, in dem sich Monostatos der schlafenden Pamina bemächtigen will – sie ruht in einer Laube «von Blumen und Rosen», selbst einer Blüte gleichend –, kann uns Gleichnis sein für ein Geheimnis der Menschwerdung, wie es das Initiaten-Bewußtsein der alten Mysterien erschaut haben mag und wie es unserer heutigen Vorstellungswelt durch Rudolf Steiner faßbar gemacht wurde:

«Es gab einen Augenblick in der Erdenentwicklung, in dem die Sonne noch nicht ganz heraus war aus der Erde», da konnte man die Menschengestalt in ihrem *«oberen Teil»* noch *«durchglüht sehen vom Licht.»* Haupt und Brust waren noch mit der Sonnenstufe verbunden und pflanzenhaft in ihrer Bildung:

«Denken wir uns eine regelmäßig gestaltete Wolke, wie eine nach oben sich erweiternde, kelchartige Bildung, und denken wir uns diesen Kelch durchglüht und durchleuchtet von dem innern Lichte, und wir haben die damaligen Menschen ...» (28)

Mit der «unteren» Hälfte seines Wesens lebte der Mensch jedoch schon in der Dunkelheit der dichteren Wasser-Erde. *«Dadurch war da unten eine recht niedere Menschennatur, denn in dem Teile, mit dem er untertauchte, hatte er die Mondenkräfte in sich. Wenn das auch nicht zur Lava erstarrt war, wie im heutigen Monde, es waren schwarze, finstere Kräfte. Da konnten auch die schlechtesten Partien des Astralischen untertauchen.» (28)*

Diese schlechtesten Kräfte, sie versuchten sich des «oberen» Wesensteiles des Menschen, der einem Blütenkelche gleich noch im Lichte lebte, zu bemächtigen, und ihn zu sich herabzuziehen. Dieser einstige Wesensgrund spiegelt sich «wie aus weiter Entfernung» – im gegenwärtigen Geschehen des Dramas wider. Es ist «Schlaf-Erlebnis» Paminas, aus dem sie durch die «Königin der Nacht» geweckt wird.

In überraschend-bestätigendem Gleichklang zu diesen okkulten Tatsachen stehen des Monostatos Prosa-Worte, in denen er seine Absichten kundtut: «Ha, da find' ich ja die spröde Schöne! – Und um einer so geringen Pflanze wegen wollte man meine Fußsohlen behämmern?... Was war denn eigentlich mein Verbrechen? – daß ich mich in eine Blume (!) vergaffte, die auf fremden Boden versetzt war?...»

Sein Vorhaben wird jedoch durch das Erscheinen der Königin verhindert. Die in Haß gegen Sarastro sich aufbäumenden Mondenkräfte, drängen zur Entscheidung, fordern die Tochter auf, Sarastro zu ermorden und ihr damit «den mächtigen Sonnenkreis» zu «überliefern». Hier erreicht der Ansturm der finsteren Mächte seinen Höhepunkt.

Diese zweite Arie der Königin ist das leidenschaftlichste Stück der ganzen Oper. Ihre Tonart ist d-Moll. Um den Charakter dieser Harmonie zu verstehen, erinnern wir uns der «Naturtonart» F-Dur, deren Parallele d-Moll darstellt. Dort sprachen wir von dem ätherischen Weben, dem Regsam-Werden eines neuen Lebens, wie es in der Vorfrühlingszeit die Natur erfüllt. Dagegen wurde d-Moll stets als die absolute Negation dieser Lebenskraft empfunden. Was von der Natur noch übrigbleibt, wenn man ihr alles Lebendige raubt, ist Starrheit, erstorbene Stofflichkeit. *«Etwas mit Grab und Tod, mit dem Starren, Steinernen der Gruft, oder dem Mineralischen der Erde, hat die d-Moll-Tonart da, wo sie uns voll-ausdrucksvoll entgegentritt, zu tun.» (32)* Man denke an Mozarts «steinernen Gast» im Finale des «Don Giovanni», an das «Dies irae» des «Requiem», oder an Beethovens oder Bruckners IX. Symphonie.

Ein kurzes Tremolo des Orchesters schafft die Atmosphäre, aus der sich der Haß der Königin ergießt. Mit hämmernden Achtelrhythmen hebt ihr Gesang an, die stark konsonantisch betonten Wortsilben dadurch noch eindringlicher akzentuierend:

«Der Hölle Rache kocht in meinem Herzen.»

Immer wieder von Pausen unterbrochen, ändert auch das Orchester nach jeweils vier Takten seinen Ausdruck. Statt der einsetzenden unruhigen Sechzehntel-Rhythmen treten bei den Worten «Tod und Verzweiflung flammet um mich her!» drängende Achtel ein, deren ständig wechselnde Dynamik von fp, p, cresc. die ganze hektische Leidenschaft erleben läßt, die den Gesang durchglüht.

Furchtbar muß uns der erste Höhepunkt dieser Haß-Tirade erscheinen: «Fühlt nicht durch dich Sarastro Todesschmerzen.» Denn das Melos bei den letzten Worten wiederholt nicht nur das Versprechen, das sie einst Tamino gegeben hat: «Und werd ich dich als Sieger sehen, so sei sie dann auf ewig dein», es ist in Wahrheit eine Verzerrung von Taminos liebe-erfüllter «Exclamatio»: «Dies Bildnis ist bezaubernd schön».

Wütender Haß zerhackt die Worte, bis sie, völlig verschwunden, nur als bloße Laute, gleich aufblitzenden Dolchspitzen die Tochter umdrohen, alle mütterlichen Bande zerreißend; eine Koloratur, die, wie Hermann Abert schreibt, zu den *«bedeutendsten Leistungen Mozarts auf dem hochpathetischen Gebiet»* zählt. *(33)*

Der zweite Teil der Arie mit seinem Fluch und dem abschließenden Racheschwur zeigt die Machtgier der Königin in unverhüllter Nacktheit auf. Ein abwechselnd in forte und piano erklingendes Orchester-Staccato und ein starres Festhalten des Melos, zuerst auf dem Ton f, dann auf g, verleiht der Musik den Ausdruck finsterer Entschlossenheit, die durch die aufsteigende chromatische Baßlinie f–fis–g–gis–a noch intensiviert wird. Dann wieder flackernde, sich dahinschlängelnde Koloratur-Triolen, bis nach einer Fermaten-Pause – einem Unheil drohenden letzten Ausholen – mit einem von verminderten Septakkorden getragenen Rezitativ die Königin «versinkt».

Der lauernde Monostatos war Zeuge dieses Mord-Auftrages. Durch diese Zeugenschaft will er sich Paminas Liebe erzwingen. Aber noch mehr! Der belauschte Dialog zwischen Mutter und Tochter gab ihm auch Kunde von der «Macht», die dem «Sonnenkreis Sarastros» innewohnt, und daß der Hierophant dadurch «jeden Augenblick den Sturz der Königin bereiten könnte». So scheut er sich auch nicht, Pamina – neben der Drohung, den Mordanschlag Sarastro zu verraten – auch mit dem möglichen Verderben der Mutter zu nötigen: «Ich weiß sogar, daß nicht nur dein, sondern auch deiner Mutter Leben in meiner Hand steht. – Ein einziges Wort sprech ich zu Sarastro und deine Mutter wird in diesem Gewölbe, in dem Wasser, das die Eingeweihten reinigen soll, ertränkt.» Wissend, daß der Mohr zum Äußersten entschlossen ist, schleudert sie seinem Ansinnen dennoch ein entschiedenes «Nein» entgegen. Nur das Dazwischentreten Sarastros konnte verhindern, daß Monostatos, der mit den Worten: «So fahre denn hin» den Dolch gegen Pamina zückt, seine Freveltat auszuführen vermochte.

Die von uns erwartete Bestrafung des Bösen aber bleibt aus. Mit einem furchtbaren «Geh!», entläßt ihn Sarastro; der Mohr aber läßt uns über seine Intentionen nicht im Unklaren: «Jetzt such' ich die Mutter auf, weil die Tochter mir nicht beschieden ist.» Rätselvoll mag uns Sarastros Milde erscheinen: «Verdank' es der bösen Handlung des Weibes, daß du ungestraft davonziehst», so heißt es in der originalen Textvorlage. Sarastro hat die Wurzel im Auge, aus der die Tat entsprang, nicht die Folge. Und dieser Urheberin gilt es nicht Rache, sondern Liebe entgegenzusetzen.

Die «Hallen-Arie» – Sarastros weihevolles Bekenntnis zur Menschlichkeit, ist eines der großen Zeugnisse für die «Löwen-Tonart» E-Dur in der abendländischen Musik.

«In diesen heil'gen Hallen
Kennt man die Rache nicht,
Und ist ein Mensch gefallen,
Führt Liebe ihn zur Pflicht.»

«Die ganze Arie ist der künstlerische Widerhall, den das Evangelium der allgemeinen Menschlichkeit in Mozarts Herzen fand, und wohl der vollendetste musikalische Ausdruck, der diesem Lieblingsthema der Zeit überhaupt zuteil wurde» (33), schreibt H. Abert in seiner Mozart-Biographie.

Der ausdrucksvolle Charakter dieses Gesanges beruht vor allem auf Motiv-Wiederholungen, einem stufenweisen Fortschreiten des Melos und auf Vorhaltsbildungen. Ergreifend, wenn Mozart das Wort «wandeln» gleichsam musikalisch herausgreift und durch eine auf- und absteigende, kontrapunktisch geführte Skalenmelodik, das gemeinsame Schreiten zweier Freunde «ins bessre Land», nachzeichnet. Der Ausklang nimmt schließlich den weihevoll-priesterlichen Charakter von Sarastros Gebet an Isis und Osiris an. Die Arie umfaßt 28 Takte, gleich der Taktstruktur des Priestermarsches.

Wie aber haben wir Sarastros Erscheinen im rechten Augenblick zu verstehen? Könnte man doch geneigt sein, dieses Dazwischentreten als einen glücklichen «deus ex machina» anzusehen, wenn dieser trivialste aller Blickpunkte nicht der längst erkannten Tiefe des Werkes widersprechen würde. So kann es sich nicht verhalten. Alle diese äußeren Begebenheiten haben wir in ihrer Verwesentlichung ja als Initiations-Geschehnisse aufzufassen. Sarastro selbst weist im gesprochenen Text-Teil darauf hin, wenn er nach der Begnadigung des Monostatos den Himmel anfleht, daß Tamino «Mut und Standhaftigkeit» zuteil werden möge, seinen «Vorsatz» auszuführen. Dieser Initiations-Vorgang schließt natürlich auch Pamina ein. Der «Reinigung» und «Läuterung» folgt *«das in Berührung-Kommen mit dem Erlebnis des Todes»*. *(40)* Wähend die Katharsis noch mehr den vorbereitenden Exerzitien zuzuzählen ist, bedeutet dieses in Beziehung-Kommen mit den Todeskräften das erste eigentliche Initiations-Erlebnis. Nun ist Pamina freilich aus sich selbst heraus, aus ihrer eigenen Innerlichkeit, an diese Todesschwelle noch nicht herangeführt worden, doch wurde sie «von außen» davon bedroht. Musikalisch kündigte sich diese Todesnähe für sie in dem d-Moll des mütterlichen Racheschwures an; das Gebot, Sarastro zu ermorden, die Bedrohung durch Monostatos machten sie auch im Handlungsgeschehen offenbar.

Paminas Herzensnot, ihr Durchschauen des wahren Wesens der Mutter, der Zwiespalt, in den sie sich geworfen sieht, die «Einwohnung» Taminos, des «Ich» in ihrer Seele, – all das entbindet die Sonnenkräfte in ihrer Brust. Dies ist es, was im entscheidenden Augenblick Sarastro dazwischentreten läßt. Mit seinem großen E-Dur-Gesang klingt nicht nur *«das Evangelium der Menschlichkeit auf» (33),* es gibt uns gleichzeitig Kunde, wie nunmehr Pamina aufgenommen wird in die Sphäre einer vom höchsten Ethos durchdrungenen Liebe, in der sich ihre Einswerdung mit Tamino verwirklichen wird.

Im gleichen Augenblick aber, da Pamina von den korrupten Mondenkräften herausgelöst ist, beschließt Monostatos, sich mit der Königin zu verbinden. Das bedeutet, daß er fortan nicht mehr im Reich Sarastros zu finden sein wird, denn es wurde ihm die Seelenschicht entzogen, in der er – wenn für den Menschen auch unbewußt – sein Unwesen treiben konnte.

Eine kurze Halle

Ein helles, heiteres A-Dur, von einer leichtbewegten, schwebenden Zweiunddreißigstel-Motivik der Violinen getragen, bringt die zweite Begegnung mit den drei Knaben. Aus ihren Händen empfangen Tamino und Papageno zum zweitenmal die Zauber-Instrumente, die ihnen zu Beginn ihres Prüfungsweges abgenommen wurden. In der Mondensphäre erworben, bargen sie von Anbeginn, wie wir sagten, Sonnenkräfte in sich. Die Übergabe durch die drei Knaben macht sie zu einer Gabe Sarastros und stellt damit den Einklang her zwischen ihrem inneren Wesen und dem Schenkenden.

Ein aufschlußreiches Bild für die zweifache Bedeutung, die solchen magischen Wirkenskräften zugemessen werden muß. Je nachdem in welcher Hand sie sich befinden, können sie segensreich wirken oder mißbraucht werden. Jedem sind sie dienstbar, der sie zu spielen versteht.

Dem Erscheinen der drei Knaben geht ein heiteres Sprech-Intermezzo voraus. Papageno begegnet darin zum erstenmal Papagena, die ihm allerdings noch als altes Weib verkleidet und unerkannt gegenübertritt. Im Augenblick, da er sie jedoch um ihren Namen fragt, macht ein dröhnender Donnerschlag seiner Neugier ein Ende. Der Sinn dieser Episode wird sich gleich im folgenden offenbaren.

Taminos Schweigepflicht muß ihre härteste Probe bestehen. Auch Pamina gegenüber gilt ihr Gebot. Die «Seele» ist zu Tode betrübt. Das «Ich» steht schweigend und einsam. Was mag der Sinn dieser Prüfung sein?

Schweigen ist, nach einem alten Wahrwort, dem Golde gleich. Im schweigenden «In-sich-Bewegen» wird innerlich Weisheit geboren. Das Gegenteil davon ist das papagenohafte Herausplappern jeglicher Empfindungsgehalte. Durch ihr Nach-außen-Entlassen werden sie, ehe sie sich noch bilden, festigen, verwandeln konnten, versprüht, verpufft und vertan. Schweigen dagegen intensiviert, erhöht ihre Kraft.

Wie aber ist es um Pamina bestellt? Gibt sie ihrem Schmerz ungehemmt Ausdruck, ober bewegt sie ihn in ihrem Herzen, wie es im

Evangelium von der wiedererstandenen «Isis Sophia» heißt: *«Maria aber behielt alle diese Worte und bewegte sie in ihrem Herzen.»*

Die Seele Paminas muß erst ausgebrannt werden durch das Feuer des Leides, damit sie die wahre Natur des reinen Geistes erkennen kann. Noch fließen in ihr die Liebe zur Mutter und die Liebe zu Tamino unbewußt ineinander. Doch die Liebe zum Ich ist rein geistiger Natur.

In diesem Sinne enthüllt uns die folgende Arie die Bedeutung dieser Prüfung für die Seele. Sie kündet uns vom Stehen in völliger Verlassenheit. In einem g-Moll von unsagbarer Trauer läßt uns Mozart ihren Schmerz auftönen, der ihr in ihrem ureigensten Wesen geworden ist: den Schmerz der Liebe. Denn aus Liebe ist die Seele gewoben. Nun, da Taminos Liebe erloschen scheint, muß sie sich ihres eigenen Wesens verlustig fühlen. In ihrer Verzweiflung kennt sie nur ein einziges Sehnen: das Sehnen nach «Ruh' im Tode».

Die Arie ist das von Todesschatten umflorte Gegenstück zu Taminos großem Liebesgesang. Viele Gemeinsamkeiten knüpfen beide Gesänge aneinander. So ist auch Paminas Trauer-Gesang, gleich der Bildnis-Arie, eine «Aktions-Arie», deren Melos die zartesten Regungen der Seele zum Tönen bringt. Auch sie klingt in einem Abgesang aus, der *«den gesamten Gefühlsgehalt wie in einem Brennpunkt zusammenfaßt.» (33)* Ebenso ist der Wechsel von ariosem Gesang und rezitativischer Melodik ein gemeinsames Charakteristikum. Am eindringlichsten macht die Verbundenheit der beiden Arien aber die gleiche motivische Wendung deutlich: Paminas leidvolles «ewig hin der Liebe Glück» gleicht der melodischen Gebärde von Taminos freudigerregtem «Ich fühl es, ich fühl es...» Die gleiche Intervall-Spannung, das gleiche Umspielen des Grundtones.

Die Orchesterbegleitung *«wird von einem einförmig pochenden Rhythmus wie von einem unentrinnbaren, todesbangen Druck beherrscht». (33)* Erschütternd der Aufschrei am Ende des Abgesanges: «so wird Ruh im Tode sein» (g – cis). Ein letzter Klageruf der Verzweiflung auf der None «es»; *«dann klingt das Nachspiel in synkopierten Wendungen aus, in dem der Ruf nach Tamino in mehrfacher Abwandlung erkennbar ist.» (7)*

Aus der Liebe zu Tamino erfloß dieser Schmerzensgesang Paminas. Und doch webt in seiner Motivik auch anderes Leid. Gleich die ersten Worte «Ach, ich fühl's, es ist verschwunden» weisen uns thematisch auf den Mutter-Schmerz der Königin: «Zum Leiden bin ich auserkoren». Diesem Gleichklang folgt auch die g-Moll-Harmonie, in der die Klage der Königin stand.

Wieder ist es die Musik, die uns den tiefsten Blick in die verborgenen Kammern des Herzens gewährt. Die verlorene Mutterwelt, das Sich-verlassen-Sehen von Tamino, stürzen die Seele immer tiefer in jenes aus dem Innern aufsteigende Todeserlebnis, dem kein Initiationspfad ausweichen kann.

Das Innere einer Pyramide

Ein den kommenden Sieg erahnen lassendes D-Dur folgt dem leiderfüllten Gesang Paminas. Der Priesterchor, mit seinem Beginn Beziehung nehmend zu Sarastros Fürbitte an Isis und Osiris, ist erfüllt von hoffnungsfreudiger Erwartung. Wunderbar das plötzliche Aufflammen des wiedergewonnenen D-Dur bei den Worten: «verscheucht der Glanz der Sonne», nachdem sich vorher düstere g-Moll-Schleier über diese strahlende Dur-Harmonie gebreitet hatten. Von packender Wirkung ist auch der Wechsel in den anapästischen Rhythmus (kurz-kurz-lang): «Bald ist er unserm Dienste ganz ergeben», der den Kampf zwischen Licht und Finsternis, in dem wir stehen, besonders deutlich macht. Unter Absingen anapästischer Rhythmen *«zog einst die Jugend Spartas in den Kampf». (41)*

Indessen werden die bangen Ahnungen Paminas Gewißheit. Tamino erwartet sie, um ihr vor Sarastro «das letzte Lebewohl zu sagen». Entsagung wird ihrer Liebe abverlangt. In unbeschreiblicher Zartheit spricht Mozarts Melos vom Wesen der Entsagung.

Kann sie doch nur dort als ethische Kraft erstehen, wo alles Irdische überwunden ist. Nur dort, wo sich die Liebe in einer Sphäre lebendig weiß, die jenseits aller Sinnesgebundenheit liegt, weiß sie von keiner Trennung durch Raum und Zeit. Andernfalls wird Entsagung nie bejahendes Opfer sein, wird immer nur Entbehrung, darbenden Verzicht bedeuten.

Die Anmahnung, sich auch vom letzten Rest irdischen Begehrens lösen zu müssen, liegt in den ersten Takten des «Terzetts» verborgen: «Soll ich dich, Teurer, nicht mehr sehn?» Der pochende Achtel-Auftakt, der Quart- und darauffolgende Sextensprung des Melos ist ident mit dem Beginn der Rache-Arie: «Der Hölle Rache kocht in meinem Herzen.»

In Paminas ängstlicher Frage vibriert immer noch die «Mutterwelt»; d.h. ein an das Leibliche gebundener Empfindungsgehalt. Gerade ihn zu überwinden ist der Sinn dieses Abschieds. Sarastros Worte: «Ihr werdet froh euch wiedersehn!», ist dazu kein Widerspruch. Denn Ausgang und Dauer dieser Trennung ist völlig ungewiß, da sie beide in der Ich-Kraft Taminos liegen. Das Wort kann nur Hoffnung, nicht Gewißheit geben.

Die Seele fühlt dies nur zu genau: «Dein warten tödliche Gefahren!»

Und später:

«Du wirst dem Tode nicht entgehen,
Mir flüstert Ahndung dieses ein.»

Bereits Abert hat auf die geniale Kompositionsweise aufmerksam gemacht, die Paminas Ängste harmonisch immer die Dominant-Spannungen heraufbeschwören läßt, während die Antworten Taminos und Sarastros die Harmonie wieder in den Tonika-Bereich zurückführen und auflösen. Strahlt der erste Teil des Terzetts dadurch noch eine gewisse Ruhe und Zuversicht aus, so trägt Sarastros Mahnung: «Die Stunde schlägt, nun müßt ihr scheiden», im zweiten Teil immer stärkere Unruhe hinein, wobei durch die chromatischen Rückungen, auf denen sich diese Worte wiederholen, das Drängen noch intensiviert wird. Sarastro selbst ist von der Größe dieses Schicksals-Leides zutiefst erschüttert. Sein letztes, mit einem plötzlichen Forte und einem Oktavsprung alle Ruhe des Hierophanten sprengende Wort «Die Stunde schlägt, wir sehn uns wieder», mindert die Zuversicht zu einem bangen Hoffen herab.

Verschwiegenheit – Entsagung! Wir frugen nach dem Sinn dieser Prüfungen und konnten ihn an Paminas Schicksal erkennen. Für die Seele bedeuten sie das «in Berührung kommen mit dem Erlebnis des Todes», die erste Stufe des Initiations-Pfades. Was aber bedeuten diese Pflichten für Tamino? Er ist es ja, der diese Gebote vollzieht und durch sein Schweigen und die ihm auferlegte Entsagung den Seelenschmerz Paminas verursacht. Doch hat es den Anschein, als ob er von all dem weit weniger schmerzlich berührt sei.

So ist es freilich nicht. Tamino erwächst immer mehr zum Repräsentanten der Ich-Geistigkeit des Menschen. Für ihn bedeuten die Prüfungs-Gebote Selbstbesinnung auf seine reine Geist-Natur. In diesem Sinne stellt die Trennung von Pamina ein Sich-Lösen von der wärmenden Seelenhülle dar, nach der sich der Geist so sehr sehnt.

Auch Tamino steht in der Einsamkeit. Es ist die Entsagung aller seelischen Geborgenheit. Der Geist, allein für sich genommen, ist groß, erhaben, aber unnahbar. Denn in der Seele urständen alle wärmenden, liebevollen Empfindungen, aber auch alle Schlacken, Schwächen und Unzulänglichkeiten, die das geistige Selbst hindern, eins zu werden mit Osiris, mit der reinen Geistwelt. Die ewige Sehnsucht des Geistes aber ist es, sich umfangen zu wissen von der liebenden Seele. Die «ewige Männlichkeit» Gottes erlebt sich stets in ihrer eigenen «ewigen Weiblichkeit». Osiris und Isis sind immer Gatten und Geschwister. Taminos Einsamkeit ist nicht minder leidvoll als die Paminas. Doch da die Seele von ihm getrennt ist, wie soll sich seine Empfindung offenbaren? Die Einsamkeit des Geistes, die göttliche «All-Einheit», die immer notwendig ein «Allein-Sein» bedeutet, ist unserem Bewußtsein kaum vorstellbar. Einen Abglanz davon hat Tamino zu tragen. –

Und Papageno? Auch auf ihn haben wir im Initiations-Zusammenhang einen Blick zu werfen. Noch ist er der Begleiter Taminos. Aber immer muß die Geschöpf-Natur zurückbleiben. «Das himmlische Vergnügen der Einweihung» wird Papageno nie erleben. Er verlangt auch nicht danach. «Ein gutes Glas Wein» wäre ihm das größte Vergnügen.

Wie fein sind die Fäden des Märchens doch gesponnen. Der «Götter-Wein» aus Sarastros Keller ist nicht bloß Labsal eines sinnenfrohen Genießens. Ganz sachte hebt er Papageno heraus aus seinen Leibes-Hüllen, läßt ihn auf seine Art Taminos Sehnsucht nach dem «Weiblichen» empfinden. Für einen Augenblick kann er seine, ihm beinahe auf den Leib geschriebene G-Dur-Harmonie überwinden. Die Sehnsucht nach «Papagena» führt ihn zwei Quintenschritte dem Es-Dur Taminos zu:

«Ein Mädchen oder Weibchen
Wünscht Papageno sich!»

Papageno träumt sich in ein F-Dur hinein. Ein ätherisch-zartes Weben und Klingen, das silberne Tönen der Zauberglöckchen umschmeichelt ihn. Die im volksliedhaften Ton gehaltene «Arie» umfaßt drei Strophen. Wie das Autograph erkennen läßt, wurden die zweite und dritte Strophe von Mozart vertauscht, wodurch sich eine innere Entwicklung des Stimmungsgehaltes ergab, deren Ersichtlichmachung das Verdienst Götz Friedrichs ist:

«Papageno ist vom Götterwein berauscht, seine Sehnsucht nach einem Weibchen übermächtig. In der ersten Strophe ist er noch übermütig-optimistisch. Er ist ganz sicher, daß er sein Weibchen erhält.» (5)

«Dann schmeckte mir Trinken und Essen,
Dann könnt' ich mit Fürsten mich messen,
Des Lebens als Weiser mich freun,
Und wie im Elysium sein.»

«In der zweiten Strophe kündigt sich ihm allerdings schon die Möglichkeit an, daß er sein Weibchen nicht erhält. Aber über diesen Moment der aufblitzenden Gefahr setzt er sich mit Hilfe seines Optimismus gleich wieder hinweg.» (5)

«Will keine mir Liebe gewähren,
So muß mich die Flamme verzehren...»

«Dann aber, in der dritten Strophe, ist immer noch kein Weibchen gekommen. Das stürzt ihn in tiefste Verzweiflung...» (5)

«...Helf eine mir nur aus der Not,
Sonst gräm' ich mich wahrlich zu Tod.»

Im Nachspiel zu dieser letzten Strophe kennt der Übermut der Instrumente jedoch keine Grenzen, denn die Ersehnte tanzt, auf ihren Stock gestützt, herein: das alte Weib, nach dessen Namen Papageno bisher erfolglos geforscht hat.

Der ätherische Zauber dieser Stunde, das Weben der Elementarwelt, wie es die «Natur-Tonart» F-Dur in sich birgt, machen ihm jedoch Namen und Wesen der «Alten» offenbar: Papagena!

Auch Papageno hat eine Bewußtseins-Erweiterung erfahren. Die so alt erscheinende «natura naturata», die gewordene Natur, kann er durchschauen, sie enthüllt ihm ihr wahres Wesen, legt die Maske ab, hinter der sie sich im Sinnenschein verbirgt. Wenn die «Verkleidung» fällt, blickt Papageno auf eine ewig junge, lebendige «natura naturans», auf die schaffende Natur, aus deren ewigem Jungsein immer neues Leben quillt.

So dringt auch Papageno über das Physisch-Sinnliche hinaus.

Warum aber verwehrt ihm der Priester die nun endlich Gefundene? Weil er ihrer noch nicht würdig ist? Dem drohenden «Zurück» des Priesters setzt Papageno plötzlich Mut und Entschlossenheit entgegen: «Eh' ich mich zurückziehe, soll die Erde mich verschlingen!»

Was muß geschehen, daß Papageno seiner Papagena würdig erscheint?

Kurzer Palmengarten

Auch das zweite Finale der Oper ist in der kosmischen Siebenheit gestaltet mit ihrer Entsprechung der äußeren und inneren Phasen. Die spiegelnde Achse bildet die Feuer- und Wasserprobe.

Das dritte Erscheinen der Knaben, mit dem das Finale beginnt, läßt bereits das Es-Dur aufklingen, das im siebenten Abschnitt Taminos und Paminas Tempel-Weihe begleiten wird. Der Gesang der Genien, den nahenden «Morgen» verkündend, ist vom jambischen Initiations-Rhythmus getragen:

«Bald prangt, den Morgen zu verkünden,
Die Sonn' auf goldner Bahn.»

Die seit der Sprecherszene nicht mehr erklungenen Klarinetten tönen wieder auf und verleihen der Holzbläsergruppe ein mild-freudiges Kolorit.

Harmonisch eindrucksvoll ist die Wendung zur Oberdominante bei den Worten: «Bald soll der Aberglaube schwinden»; es ist, als würden durch diese Erhellung der Es-Dur-Harmonie die letzten trügerischen Schleier von ihr weggezogen.

Mit dem Instrumentalvorspiel umfaßt der Gesang der Knaben 28 Takte. 28 – wir sind dieser Zahl schon einige Male begegnet –, ist eine sogenannte «vollkommene Zahl», ein «arithmos teleios», wie man sie im alten Griechenland nannte, d.h. eine «in sich abgeschlossene Zahl». Von ihr spricht man, wenn sie sich als Summe aller ihrer Teiler erweist. Es gibt relativ wenig derartiger Zahlen. 6 ist eine solche Zahl, 28 die nächstfolgende. Der nach 28 sich reihende «arithmos teleios» ist bereits 496, dann entschwindet er in immer höhere Werte: 8.128, 33,550.336...usw. Ernst Bindel schreibt über den symbolischen Gehalt dieser Zahlen:

«Man fühlt sich durch solche Betrachtung förmlich aufgefordert, einen Vergleich mit den Verhältnissen innerhalb der Menschenwelt anzustellen, indem man angesichts der vollkommenen Zahlen an geschlossene, in sich abgerundete Persönlichkeiten denkt...» (38)

Die 28 Takte, die davon künden, wie die «Erd' zum Himmelreich wird» und «Sterbliche den Göttern gleichen», sind für diese innere Geschlossenheit, die das Ziel des Menschenweges ist, ein wunderschönes klingendes Symbol.

28 Takte umfaßte auch der Priester-Marsch, der den Akt eröffnete, ohne Wiederholung seiner Teile. Ein kurzer Rückblick sei gestattet. Sein klingender «arithmos teleios» wird in dem Augenblick zur Zahl der «Krisis», da man ihn durch Wiederholung verdoppelt. Ein aufschlußreiches Phänomen, wie Qualitäten sich verändern, rein durch Verdopplung ihrer Werte. Diese zweimal 28 Takte waren uns ja Symbol für die Gefahren von Taminos Initiationsweg; noch war sein Schicksal nicht entschieden, so sagten wir. Wie eindringlich spiegelt sich darin der Freiheitsraum des Ich in seiner ganzen Zweischneidigkeit.

Doch damit nicht genug. Das dem Marsch sich anschließende Gebet Sarastros umfaßte 55 Takte. Daß Mozart die beiden Stücke als zusammengehörig verstanden wissen wollte, dafür zeugt sowohl die gemeinsame Tonart F-Dur als auch die Gleichheit der drei Anfangsakkorde. Um so auffallender daher die Unterschiedlichkeit von einer einzigen Taktlänge. Die Ursache dieser Differenz hatten wir in der Verknüpfung der letzten vier Takte des Nachspiels mit dem Sarastro-Gesang gefunden. Dadurch wurde ein Takt, der durchaus hätte aufscheinen können, eliminiert und die Arie von 56 auf 55 Takte reduziert. Reduziert auf jene wunderbare Zahl, die in ihrem Wesen das ganze Menschsein umgreift.

Eine herrliche Symbolik des Metrums. In der Zahl 56 steht der Mensch schon getrennt von der Gottheit, dem Widersacher überantwortet, aber als ein freies, selbstentscheidendes Wesen. Mit der Zahl 55 ist er noch integriert in der weisheitsvollen, göttlichen Einheit, in der noch alles heil und ohne Zwiespalt ist. Es gehört zu den schwierigsten Fragen philosophischen Denkens, wie sich der Übergang von dieser einigen Welt des Guten zum Dualismus von Gut und Böse vollzogen hat und wie der Mensch ihn überwinden kann, ohne die Früchte der Freiheit einzubüßen, die ihm diese Entzweiung gebracht hat.

Der Formgehalt des Sarastro-Gebetes läßt es erkennen. Von der inneren Struktur her gesehen west in der Arie die Zahl 56 und bestätigt, was der Priestermarsch als tatsächliches Geschehen ausspricht: Tamino hat den «Ring» durchbrochen und ringt um seine wahre Freiheit.

Als Ganzes aber überschreitet sie nicht die Sphäre, die dem Wesen des Menschen zugewiesen ist, indem sie zwei Takte miteinander verschmilzt. Hier liegt der wahre Angelpunkt der menschlichen Freiheit. Hinaus zu dringen über das, was man geworden ist, ohne jedoch das Erworbene zu verlieren. Die Zusammengehörigkeit von Marsch und Gebet trägt dieses Werde-Geheimnis in sich: 28 – die vollkommene Zahl, in ihrer Verdoppelung zur Krisis führend, getragen von dem die menschliche Wesenssphäre umgreifenden priesterlichen Gebet. Der «arithmos teleios» des Knaben-Gesanges aber darf uns mit Zuversicht und Hoffnung erfüllen, daß der von Tamino so mutig begonnene Weg auch erfolgreich zu Ende gegangen wird, mag die schwerste Prüfung auch noch bevorstehen.

Damit sind wir zur gegenwärtigen Handlung zurückgekehrt. Jäh verdunkelt sich die Harmonie, weicht einem düsteren c-Moll. Verzweiflung treibt Pamina in die finstersten Schatten ihres Todes-Erlebnisses. Ein bohrendes, von Quint- und Oktavsprüngen zerrissenes Motiv läßt uns die Starre und die Kälte des Todes ahnen, die ihr Herz bereits zu ergreifen drohen: «Du also bist mein Bräutigam?»

Es ist der Dolch der Mutter, der ihr in Wahn und Verzweiflung allein als Erlöser dünkt. Wieder ist die äußere Handlung Erscheinungsbild innerer Vorgänge. Auch die drei Genien, die ihr den Dolch entreißen und sie einem ungetrübten Es-Dur zuführen, sind kein «deus ex machina». Was sich auf der Bühne vollzieht, ist der letzte Entscheidungskampf in Paminas Seele. Sie selbst spricht es aus:

«Mutter, durch dich leide ich,
Und dein Fluch verfolget mich.»

Es ist der Erb-Fluch, die Erbsünde, die auf dem Menschen lastet. Pamina ist sich seiner ganz bewußt geworden.

Das Eingreifen der Knaben versinnbildet den endgültigen Sieg der Seele über ihren mondenhaften Wesensteil. In ihrem Bewußtsein den Tod erleidend, überwindet sie das mütterliche Seelenerbe. Ausgebrannt sind alle Schlacken; das Es-Dur, in dem sie nunmehr steht, kündet uns, daß sie ihrem geistigen Selbst, Tamino, eine reine, sein ganzes Wesen aufnehmende Hülle zu sein vermag.

Dort aber, wo die Seele reinstes Gefäß des Geistes ist, wo sich in ihr das ewig Wahre, Schöne und Gute ungetrübt entfalten kann, ist die Bewußtseinsseele verwirklicht.

Durch diese Erkenntnis fällt das Schweige-Gebot. Die Knaben führen die Seele ihrem Ich entgegen.

Wilde Felsengegend

Auch für Tamino naht das schwerste und schwärzeste «c-Moll». Sein Weg führt ihn der entscheidenden Prüfung entgegen: zu den «Schreckenspforten», deren eisernes Tor zwei «Geharnischte» bewachen, flammendes Feuer auf ihren Helmen tragend.

Wer dächte dabei nicht an den Cherub mit dem Flammenschwert, der vor der Paradieses-Schwelle als Hüter steht? Auch ihre «Lanzen» verwehren dem Unbefugten den Eintritt. Daß es eine geistige Welt ist, die jene Tore verschließen, das tönt aus dem Melos des strengen Gesanges der beiden Geharnischten, der als «cantus firmus» die schwerlastende c-Moll-Kontrapunktik des Orchesters überwölbt. Mozart wählte die alte Choral-Melodie: «Ach Gott, vom Himmel sieh darein.» Die geistige Welt selbst blickt auf den, «der diese Straße wandert, voll Beschwerden».

Der Bogen ist ausgeschritten, der sich vom Adagio der Ouvertüre herüber wölbt zu diesen Felsenhöhlen. Das strenge, polyphone Satzgefüge läßt uns die gleiche Seufzer-Motivik der Sekundvorhalte wiedererkennen, die in der Ouvertüre bereits aufklangen. Das Schreiten über des «Messers Schneide» wird Wirklichkeit:

«Mich schreckt kein Tod, als Mann zu handeln...
Schließt mir die Schreckenspforten auf,
Ich wage froh den kühnen Lauf.»

Sechs düstere, erhabene Takte leiten das c-Moll dieses Hüter-Gesanges ein. Das sich anschließende zehntaktige Vorspiel zum Choral baut sich aus zwei Kontrapunkten auf. Der eine bringt mit seinen Sekund-Folgen, wie eben erwähnt, die Seufzer-Motivik des Adagios der Ouvertüre [A], der zweite soll, nach Hermann Abert, auf ein Kyrie aus der Missa S. Henrici von H. Biber (1701) zurückgehen. [B] Die Verflechtung der gleichlaufenden Staccatoachtel in den Bässen mit den darüberliegenden Sekund-Seufzern und die den ganzen Satz durchdringende Chromatik lassen über Ernst, Gefahr und Unerbittlichkeit dieser Welt keine Zweifel, die sich hinter jenen Pforten verbirgt.

Furcht und Schrecken aber kann eigentlich nur so lange empfunden werden, als in der Seele noch ein Rest «Irdisches» vorhanden ist. Denn der Geist kennt keine Furcht. Das Unsterbliche ängstet kein Tod. In alten Zeiten diente dieser «Schreckens-Augenblick», das Sich-Erleben in Todesgefahr dazu, den Menschen in seinen Wesensgliedern zu lockern, ihn aus seinen Hüllen herauszulösen. Noch der Vollzug der christlichen Taufe, der ursprünglich ein Untertauchen in die Wasserfluten bedeutete, führte den Täufling an die Todesschwelle heran.

Da ertönt dem einsam Wandernden, in einem innigen, wie Samt anmutenden Des-Dur, Paminas Stimme. Die Seele hat ihr Ich begriffen, «nun trennet sie kein Schicksal mehr».

«Ein Weib, das Nacht und Tod nicht scheut,
Ist würdig und wird eingeweiht.»

Im feierlichen Initiations-Rhythmus spricht Mozart die Befreiung des weiblichen Wesens aus luziferischen Banden aus. In Liebe vereint, durchwandern Geist und Seele gemeinsam die schwerste der Prüfungen. Sein Jubel: «Wohl mir, nun kann sie mit mir gehn», nimmt die Melodik der «Proben» vorweg: «Wir wandelten durch Feuergluten.» Von Tamino ist alles Belastende geschwunden. Mit Pamina vereint, kann keine Prüfung zu schwer sein, um sie nicht bestehen zu können. Was einst sehnsuchtsvolle Imagination war, das Bildnis Paminens, ist nun wesenhafte Wirklichkeit:

«Tamino mein! O welch ein Glück!»

Die gleiche Exclamatio, der gleiche Auflaut des Herzens, der sich einst den Lippen Taminos entrang, umhüllt von jener F-Dur-Harmonie, in der Sarastro sein Gebet zu den Göttern sprach. Das Unbeschreibliche ist Ereignis geworden. Alles an Pamina ist Hingabe. Jede ihrer Cantilenen schmiegt sich innig an den Freund. Die Seele ist ganz nur liebendes Gefäß. Und immer wieder, in mannigfaltigsten Varianten, tönt gleich einem Leitmotiv das Melos der Bildnis-Arie auf.

Die Einswerdung von Geist und Seele lichtet auch das Geheimnis des Zauber-Instrumentes:

> «Es schnitt in einer Zauberstunde
> Mein Vater sie aus tiefstem Grunde
> Der tausendjähr'gen Eiche aus,
> Bei Blitz und Donner, Sturm und Braus.»

Der irdische Wirklichkeitsbezug kann den Widerspruch nicht lösen, daß die g o l d e n e Flöte, die Tamino einst aus den Händen der drei Damen erhielt, sich nun plötzlich als ein aus Eichenholz geschnitztes Instrument erweist. Das Märchen, der Mythos, die Weisheit alten Mysteriengutes vermögen es.

Die tausend Jahre dieser Eiche sind keine quantitative Summe. Sie sind eine Ganzheit in der Zeit, ein Äon. Sie sprechen uns von einer Erdenvergangenheit, da alles Dasein pflanzenhaft war, erfüllt von ätherischer Lebenskraft. Von einem Äon, in dem Osiris und Isis noch Gatten waren, die Sonne noch mit der Erde verbunden, und all das sprießende blühende Pflanzensein durchlichtet war vom Gold der Sonne. Die Kraft dieser sonnenhaften Urzeit birgt der «Zauberton» der Flöte.

Allein der Lufthauch ist es, der den Flötenton erzeugt, und Pamina sprach, daß die Flöte «bei Blitz und Donner, Sturm und Braus» geschaffen worden sei. Nun sah der Ägypter in der Gestalt des Osiris aber die Sonnenwirkungen auf unserer Erde in einer Zeit, *«als noch keine Luft da war». (28)* Als sich Licht und Wärme zu Luft verdichtete, die pflanzenhaft-blütenartige Lichtgestalt des Menschen anfing ein Luftatmer zu werden, trennte sich von der Osiris-Wesenheit etwas ab, was bisher in brüderlicher Einheit mit ihr verbunden war. Ägypten nannte diese sich lösende Wirkenskraft Seth; Griechenland sprach von Typhon.

«Seth oder Typhon bewirkt, daß der Lufthauch in uns eingeht. Typhon, der Windhauch löste sich von dem Licht der Sonne, und Osiris wirkt nur als Licht der Sonne. Es ist aber auch derselbe Moment, in dem Geburt und Tod in das Wesen des Menschen hereinzog.» (28)

Der Mythos der Zauberflöte hält dieses Zu-Ende-Gehen der reinen Osiris-Wirksamkeit fest und verweist durch die Trennung des Väterlich-Mütterlichen gleichzeitig auf die typhonische Herrschaft, die nun folgte. Osiris wurde von Seth getötet.

Auch Paminas Vater «starb». Wie die Sonne sich von der Erde trennte und hohe Wesenheiten mit ihr hinauszogen in den Kosmos, so verschwindet auch Paminas Vater unseren Blicken. Sein Erbe geriet in die typhonische Entzweiung. Der Egoismus zog in die Welt und ergriff die Mutter-Sphäre, die nun selbst nach Macht und Herrschaft strebte. Den «siebenfachen Sonnenkreis», die alte Weisheit des Sonnen-Äons jedoch hatte der Vater Sarastro übergeben. Der Stimmung entsprechend, ist Paminas Erzählung über die Herkunft des Zauberinstrumentes in ein abdunkelndes g-Moll getaucht.

Wie Licht und Luft sich schieden, Osiris und Typhon sich entzweiten, so trennten sich auch Harfe und Flöte, schied sich das osirishaft-apollinische Saiteninstrument vom typhonisch-dionysischen Blasinstrument. Aus der Sonnenweisheit des Hermes heraus waren einst beide inauguriert worden.

Die Flöte hat jedoch ihren sonnenhaften Ursprung nicht vergessen. Wir sehen sie am Ende des 3. Jahrtausends v.Chr. bereits wieder als ägyptisches Tempelinstrument in Gemeinschaft mit der Harfe; wir hören sie draußen auf den Dörfern als Instrument der Hirten. Diese apollinische Verehrung, die der Flöte in frühester historischer Zeit bereits wieder zuteil wurde, ist ihr bis heute nicht geschmälert worden, und Mozart läßt die Sonnenkraft in ihr sich in voller Ursprünglichkeit entfalten.

Das Durchschreiten der «Schreckenspforten» bedeutet die zweite Einweihungsstufe der alten Mysterien: das Aufgehen in der Welt der Elemente.

«Der, welcher wandelt diese Straße voll Beschwerden,
Wird rein durch Feuer, Wasser, Luft und Erden.
Wenn er des Todes Schrecken überwinden kann,
Schwingt er sich aus der Erde himmelan.»

Nach zwei Seiten hin haben wir die Feuer- und Wasserprobe zu verstehen. In ihrer irdischen Form sind es Mutproben gefährlichsten Ausmaßes, die mit ernster Todesgefahr verbunden waren. Ein Wandern auf schmalem Pfad in Finsternis, umdroht von den Elementen. Doch ist dies nur der äußere Aspekt. Mut, Furchtlosigkeit, die Kraft, einer Gefahr ruhig ins Auge zu sehen, sollten dadurch herangebildet werden.

In ihrem eigentlichen Kern aber sind Luft-, Feuer- und Wasserprobe keine Erlebnisse in der irdischen Welt; sie bedeuten ein Eindringen in die Äthersphäre. Dabei stellt die Feuerprobe einen geistigen Verbrennungsprozeß dar. Ziel ist, daß der Initiant durch Erkenntnisse der höheren Welten *«größeres und wahreres Selbstvertrauen, höheren Mut und eine ganz andere Seelengröße und Ausdauer»* sich erwirbt, *«als sie in der Regel innerhalb der niederen Welt erlangt werden können.» (42)* Diese höhere Erkenntnis vermittelt ihm die wahre Anschauung der leblosen Körper, der Pflanzen, Tiere und Menschen. Der geistige Verbrennungsprozeß entfernt den «Schleier der Maja», der uns oft so wohltätig das Antlitz der Dinge verbirgt. Wie wichtig und notwendig es ist, daß nicht nur das Ich, sondern auch die Seele ihre vorbereitende Katharsis, ihr Todeserlebnis durchlitten hat, kann uns bewußt werden, wenn wir diese Konfrontation mit der nackten Realität der Dinge in ihrer ganzen Schwere erfassen. Denn es würde keine Seele diesen Anblick lebend überstehen.

Die Wasserprobe bedeutet den Mut, ganz aus sich selbst heraus zu handeln, sich auf keinen, auch nicht den geringsten Fingerzeig von außen zu stützen. Voll und ganz aus dem Ich heraus die Initiative zu ergreifen und selbst, aus der eigenen Geist-Natur der «Bewegende» zu sein. Hier wird die Bedeutung offenkundig, welche die Trennung Paminas für Tamino haben mußte. Auch kein seelischer Empfindungsgehalt soll Beweggrund und Motiv einer Entscheidung sein. Wer einmal ratlos vor Entscheidungen stand, verzweifelt Ausschau hielt nach einem Wink des Schicksals, wird ahnen, was es heißt, in diesem absoluten Sinne keinen festen Boden mehr zu fühlen, auf den man sich stützen kann. Es sind Erlebnisse der Einsamkeit und Verlassenheit, die alle irdischen Maße übersteigen.

«Man nennt diese Probe die ‹Wasserprobe›, weil bei der Tätigkeit in diesen höheren Gebieten dem Menschen die Stütze durch die äußeren Verhältnisse so fehlt, wie beim Bewegen im Wasser, dessen Grund man nicht erreicht, die Stütze fehlt.» (42)

Unter den Klängen eines feierlichen Marsch-Rhythmus schreitet das Paar durch diese Welt der Elemente. Mozart verzichtet dabei auf jegliche Schilderung von Naturgewalten, und vielleicht hätte sich mancher eine wirkungsvollere Dramatik in der Darstellung dieser beiden letzten Prüfungen erwartet. Nicht darauf kam es ihm an. Die Dramatik hat Mozart verinnerlicht, sie klingt nicht, sie webt zwischen den Tönen.

Flöte und Pauke umreißen die Höhen und Tiefen, zwischen denen der Abgrund klafft, gedämpfte Blechbläser intonieren geheimnisvoll-unwirkliche Harmonien, die ihm entsteigen. Doch unverzagt durchdringt der Flötenton Feuerglut und Wasserfluten, mit seinen fließenden Sechzehntelrhythmen immer wieder das Leitmotiv der Bildnis-Arie singend.

Auch die Stimmen greifen dieses Leitmotiv auf; Paminas Melos schmiegt sich um den Ton c, während Tamino die «Exclamatio» der Sexte mit ihrer ganzen Siegesgewißheit dreimal hinausjubelt in den Kosmos. Der Terzengesang der «Geharnischten» bildet dazu ein zuversichtliches, beruhigendes Fundament.

«Wir wandeln durch des Tones Macht
Froh durch des Todes düstre Nacht.»

Das Durchschreiten der Feuer- und Wasserhöhle vollendet sich in achtundzwanzig Takten. Die «vollkommene» Zahl weist auf Vollendung, auf Ganzheits-Werdung des menschlichen Ich. Die tragende Kraft auf diesem Wege ist die Macht des Tones.

Der Weltenton der Sphärenharmonie war es, der formend und bildend die dunkle Wassererde durchdrang, der die Gestalten schuf und den Menschenleib den finsteren, verhärtenden Mondenkräften entriß. *«Alle Gegenstände haben auf dem Grunde ihres Wesens einen geistigen Ton, und der Mensch selbst ist in seiner tiefsten Wesensschicht ein solcher geistiger Ton.» (43)*

Wenn der Mensch ihn einst wird zum Erklingen bringen, zu dem er seiner göttlichen Ebenbildschaft nach veranlagt ist, wenn er die Wirkenskräfte von Klang- und Lebensäther, die ihm als zweiter Paradiesesbaum durch den Sündenfall entzogen wurden, mit Bewußtsein wird ergreifen können, dann wird er selbst in dieser Sphärenharmonie stehen und als eigener Weltenklang den Kosmos bereichern. Mit einem sechstaktigen, schlicht-volksliedhaften Melos zeigt uns das Paar, wie es diesem Ton beim Durchschreiten der «Feuergluten» und «Wasserfluten» vertraut.

Indem Mozart den Schwerpunkt dieser Einweihung in die Macht des Tones, d.h. in die Ichkraft des Menschen legt, geht er weit über das einstige Mysteriengut hinaus. Der Schluß des Werkes wird uns das letzte Geheimnis dieser Macht des Tones offenbaren.

Ein schmetterndes, strahlendes C-Dur im Chor und Orchester bestätigt dem «edlen Paar» den Sieg, den es errungen.

«Ihr Götter! Welch ein Augenblick!
Gewähret ist uns Isis' Glück.»

Garten

Auf diesen letzten Prüfungswegen konnte Papageno nicht mehr Taminos Begleiter sein. Die Gebote waren zu schwer, so hat er den «Reisegefährten» verloren. Tamino hat das Leiblich-Kreatürliche hinter sich gelassen.

Papagenos eigenes Schicksal hat sich mit dem Ansichtig-Werden Papagenas erfüllt. Doch sein Suchen nach ihr ist vergebens. Über sein Versagen gibt er sich ehrliche Rechenschaft: «Ich plauderte – und das war schlecht, darum geschieht es mir schon recht.»

Aber vergessen kann er nicht, was ihm der Tempel geoffenbart hat:

«Seit ich gekostet diesen Wein,
Seit ich das schöne Weibchen sah,» –

seit diesem Augenblick brennt eine tiefe Sehnsucht in seinem Herzen. Um davon Erlösung zu finden, sieht Papageno nur einen Weg: den Tod.

So wird auch er in Todes-Nähe geführt; und man sollte ob des Humors dieser heiteren Szene nicht den Ernst übersehen, der dahinter steht. Papagenos letzte Weisheit: «Sterben macht der Lieb' ein End'» wiederholt, wenn auch auf einer anderen Bewußtseinsebene, Paminas leidvolle Resignation: «So wird Ruh' im Tode sein!» Führt sie ihn doch auch in das gleiche schmerzvolle g-Moll, aus dem heraus sie ihre Todes-Klage sang. Und sein letzter Gruß: «Gute Nacht du falsche Welt», spiegelt Taminos Ratlosigkeit wider: «So ist denn alles Heuchelei».

Musikalisch ist die ganze Szene als freies Rondo angelegt. Dunkle Moll-Schleier legen sich darin über die so heiter sprudelnde Papageno-Tonart: G-Dur. Die Erinnerung an den «Götterwein» bringt einen e-Moll-Ansatz, bei dem die dahinfließenden Sechzehntel der Geigen die Leere unterstreichen, die durch den Verlust des einmal Erlebten sein Dasein nunmehr erfüllt. Bei der Anklage wider die «falsche Welt» verdüstert sich die Harmonie, wie bereits erwähnt, sogar nach g-Moll, der «Schmerzenstonart» Paminas, und läßt erkennen, daß Papagenos Wille, aus dem Leben zu scheiden, tatsächlich das humorvolle Seitenstück zu Paminas gleicher Szene ist. Zu eindringlicher Melodik gestaltet sich der Vorsatz: «Diesen Baum da will ich zieren»; auch hier ist g-Moll der harmonische Untergrund, aufgelöst zu seufzend-bangen Vorhalten und Akkordzerlegungen in den Violinen.

Im «Andante», dem endgültigen Abschied vom Leben, in dem sich das G-Dur erneut zur gleichnamigen Moll-Tonart verdüstert, verwendet Mozart bei den Worten: «Gute Nacht du falsche Welt...» sogar den neapolitanischen Sextakkord von g-Moll, c-es-as, um das nach abwärtssteigende Melos auch noch durch die Eindunkelung der Harmonie zu unterstreichen.

Die Musik läßt keinen Zweifel darüber, daß auch Papageno den Weg der Mysterien geht und eine ihm gemäße Initiation durchmacht. Zwar zur «Weisheit» führt sie ihn nicht. Aber der göttlichen Lebens- und Liebeskraft wird er ansichtig, die sich tief in die Natur hineinversenkt hat und vor der Papageno in reiner Herzensneigung und mit kindlich-unschuldsvollem Staunen steht. Wenn er sein G-Dur auch nicht verlassen und verwandeln konnte; sein kurzes Weilen im Sonnenreich Sarastros hat es durchlichtet.

So werden auch in ihm die drei Genien rege, lösen die Fessel der Verweslichkeit und weisen ihn auf die alle Natur erfüllende Lebenskraft:

«So lasse deine Glöckchen klingen.»

Wie oft vergessen wir in scheinbar ausweglosen Situationen die besten Kräfte in uns: «Ich Narr vergaß der Zauberdinge!» Wie konnte er die Glöckchen vergessen, die ihm doch Papagena zugeführt hatten? Wieder öffnet ihm das Glockenspiel das Tor und offenbart ihm das Geheimnis des Baumes, an dem er sich eben erhängen wollte. Es heißt Leben, pflanzenhaft sprießendes, unvergängliches, ewig zirkulierendes Leben der Natur: Papagena.

«Wenn viele, viele Papapapapapapage...»

Die Ausgangstonart G-Dur ist, nach allen Moll-Trübungen, wiedergefunden. Aber selbst diese ausgelassene Heiterkeit, mit der das Duett des so «irdischen» Paares endet, wußte Mozart durch den Zauber seiner Melodik liebevoll zu verklären.

Felsengegend

Noch einmal erhebt sich die Macht der Finsternis. Im Staccato-Unisono der Streicher ersteht in pochender Quart-Motivik ein düsteres c-Moll. Das Thema, das, markant artikuliert, bis zum Schluß der Szene streng durchgetragen wird, läßt deutlich den Beginn des Racheschwurs der Königin erkennen: «Der Hölle Rache kocht in meinem Herzen.»

Dauerndes Umschlagen der Dynamik vom Piano ins Forte, häufiger Harmoniewechsel, aufreizende Trillerfigurationen des Melos und ein ständiges Schwanken im Periodenbau verleihen diesem Satz dämonische, gespenstische Züge. Furchterregend die drei-taktige Huldigung an die Königin der Nacht in finsterstem c-Moll.

Monostatos hat sein Vorhaben wahr gemacht und sich mit der nächtlichen Herrscherin verbunden. Auf ihr Versprechen, ihm die Tochter zur Gemahlin zu geben, geleitet er sie mit ihren Dienerinnen heimlich in das Tempel-Innere. Ein von Mozart meist nur sehr sparsam verwendetes Streichertremolo bringt die wachsende Unruhe der Eindringlinge zum Ausdruck. Auch die Tonarten vermitteln eine klare Aussage. In g-Moll und seiner unheimlich aufleuchtenden Dominante auf d, steht der unwürdige Schacher um Pamina. Der Wille, Sarastro und seine Priester zu überfallen, spricht sich in As-Dur und seiner Moll-Parallele, f-Moll, aus. Höhepunkt der Szene ist der im schwarzen Pathos dargebrachte Huldigungs- und Racheschwur, bei dem die Harmonie wieder in das ursprüngliche c-Moll zurückkehrt. Hier gewinnt der Kampf des luziferisch-ahrimanischen Prinzips gegen das Göttliche unmittelbare dramatische Gestalt.

Doch da bricht, im stärksten Forte, jäh ein alles zermalmender verminderter Septakkord herein, dem sich sofort eine zweite Akkordfolge in f-Moll anschließt; die Macht der Königin ist gestürzt: «Zerschmettert, zernichtet ist unsere Macht...» Mit ihren Dienerinnen wird sie ausgestoßen aus der Sphäre, in der sie keinen Raum hat.

Wer stürzte sie? Keine Aktion vollzieht sich auf der Bühne. Nur ein kleiner Hinweis ist uns gegeben: «Doch still, ich höre schrecklich rauschen, wie Donnerton und Wasserfall.» Es ist das Rauschen der Wasserfluten, durch die das Menschenpaar schreitet. Menschentat führte zum Sturz der Geister der Finsternis.

In das nacht-schwarze c-Moll dringt Lichtstrahl um Lichtstrahl; Takt um Takt, Akkord um Akkord hellt die Schatten auf, bis «das ganze Theater in eine Sonne verwandelt» ist.

«Die Strahlen der Sonne vertreiben die Nacht,
Zernichten der Heuchler erschlichene Macht.»

Tamino und Pamina erleben die dritte Stufe ihrer Einweihung: «Das Scheinen der Sonne um Mitternacht». Dann erfüllt warm leuchtendes Es-Dur wie tönendes Ikonen-Gold den Raum:

«Heil sei euch Geweihten! Ihr dranget durch Nacht.
Dank sei dir, Osiris, Dank dir Isis gebracht!»

Das Ziel ist errungen. Tamino und Pamina, «beide in Priester-Kleidung» treten in das Heiligtum, das ihnen als Gipfel ihres Weges, die Begegnung mit den Göttern in ihrem wesenhaften Sein bescheren wird.

Epilog

Begreifen wir Mozarts Vermächtnis? Das typhonisch-dionysische Blasinstrument hat sich die einstige apollinische Sonnenkraft wieder errungen, und sein «Ton» ist zum Ausdruck des voll erwachten menschlichen Ich geworden. Es hat diesem Ich jene Klangätherwelt erschlossen, die dem Menschen entzogen wurde, als er das Paradies verließ. Die ägyptischen Mysterien reichen mit ihrer Osiris-Werdung der Seele nicht aus, um dies zu fassen. Hier ist verwirklicht, was Ägypten als Zukunfts-Hoffnung in seinem Horus-Knaben nur ahnen konnte.

Schon einmal hat uns das Bild der Isis mit dem Horusknaben den Blick geweitet zur Madonna. Auch in Paminas Priestertum klingt Zukunft auf, wo der Seele die von Luzifer «getötete» Weisheit neu gegeben ist, wie dies auch der zweite Teil jenes von Rudolf Steiner zitierten Wahrspruchwortes erahnen läßt:

«Christus-Wollen
in Menschen wirkend,
Es wird Luzifer entreißen
Und auf des Geisteswissens Booten
In Menschenseelen auferwecken
Isis-Sophia,
Des Gottes Weisheit.» (15)

Dieser Zukunft standen die orphischen Mysterien Griechenlands um einen Schritt näher. Sie weihten ein *«in die Geheimnisse vom Leiden des göttlichen Menschen-Ich, das in den Himmels-Sphären, wo es noch in sich selbst und mit allen Ichen ungeteilt eins ist, Apollo genannt wird, in der Erdenwelt und Menschenleiblichkeit dagegen, zerstückelt in zahllose Individualitäten,... Dionysos Zagreus ist». (44)*

Dem «ersten» Dionysos, in dessen Schicksal der Zerstückelung der Beginn des Individualisierungsprozesses zum Ausdruck kommt, folgte ein zweiter, der «jüngere» Dionysos, der in den Einweihungsstätten als der Führer zum «Ich» verehrt worden ist. Seine Mission war es, einer zwar schon «zerstückelten», aber ihrer Individualität noch unbewußten Menschheit das Bewußtsein ihres Ichs zu geben und sie wieder zurückzuführen zum apollinischen Licht des verlorenen Empyreums. Doch blieb dieses Ziel der dionysischen Mission auch in Griechenland nur Hoffnung der Zukunft. Geheimnisvoll sprach man von einem «dritten» Dionysos, der kommen und vollziehen würde, was in der Seele des Menschen veranlagt ist. Auch in diesen Mysterien weitete sich der Blick hin zur Menschwerdung des Gottessohnes. Erst durch ihn ist der Menschheit die Kraft verliehen worden, ihren unvergänglichen Wesensteil wirklich mit Bewußtsein zu ergreifen.

Aus diesem Mysterium, in dem sich das apollinische und dionysische Prinzip vereinigt, erklärt sich auch die Verschmelzung des apollinischen Saiteninstrumentes mit dem dionysischen Blasinstrument, wie es Taminos Flöte in ihren Wirkungen erkennen ließ.

Was in der «Zauberflöte» wie eine Erfüllung all dieser alten Mysterien-Erwartungen erscheinen muß, wäre ohne dieses Ereignis der großen Weltenwende nicht möglich. Hier liegt ihr letztes und tiefstes Geheimnis. Ihr Märchenton hebt das Geschehen heraus aus jeglichem historischen Kulturkreis. Raum und Zeit verlieren ihre Bedeutung. Stärker noch als der Mythos eines Volkes, lebt das Märchen in der Dauer. Es spiegelt jede Zeit, ohne ihr selbst unterworfen zu sein, und bleibt dadurch immer zeitnahe Gegenwart. Seinen Inhalt aber schöpft es aus den gleichen Quellen wie der Mythos. Er ist imaginatives, inspiriertes Weisheitsgut.

So ist Mozarts «Zauberflöte» Märchenoper und Mysterienspiel. Was sie aus dem Geiste ihrer Musik zu verkünden hat, ist die Zukunfts-Hoffnung alten Mysteriengutes, die durch Mozarts durchchristete Seele zur künstlerischen Wirklichkeit wurde.

DER ZAUBERFLÖTE ERSTER TEIL

Literatur-Verzeichnis

Erster Aufzug

1 Wortlaut des Premieren-Programms
2 Bernhard Paumgartner: Mozart, Freiburg/Zürich 1945
3 Karl Blümml: Ausdeutungen der Zauberflöte, Mozart-Jahrbuch, 1. Jg. 1923
4 Otto Jahn: Mozart
5 Götz Friedrich: Die humanistische Idee der «Zauberflöte». Ein Beitrag zur Dramaturgie der Oper, Berlin 1954
6 Hermann v. Waltershausen: Die Zauberflöte. Eine operndramarische Studie, München 1920
7 Thilo Cornelissen: Die Zauberflöte, Schriftenreihe über Musikalische Bühnenwerke, Berlin 1963
8 Rudolf Steiner: Sprachgestaltung und Dramatische Kunst, Dornach 1926
9 Chr. Kirchhoff: Die orchestische Eurythmie der Griechen.
10 Friedrich Oberkogler: Die seelenbildenden Kräfte der Musik, Wien, im Selbstverlag, Auslieferung Konrad Sandkühler, Stuttgart
11 Rudolf Steiner: Vor dem Tore der Theosophie, Dornach 1964
12 Ernst Moll: Die Sprache der Laute
13 Rudolf Steiner: Eurythmie als sichtbarer Gesang, Dornach 1927
14 Rudolf Steiner: Der Mensch im Lichte von Okkultismus, Theosophie und Philosophie, Dornach 1956
15 Rudolf Steiner: Wahrspruchworte, Dornach 1961
16 Rudolf Steiner: Eurythmie als sichtbare Sprache, Dornach 1955
17 Kurt Eigl: Deutsche Götter und Heldensagen
18 C. A. Wertheim-Aymès: Die Bildsprache des Hieronymus Bosch
19 A. Dubach-Donath: Die Grundelemente der Eurythmie, Dornach 1961
20 Friedrich Oberkogler: Vom Ring zum Gral, Stuttgart 1978
21 Rudolf Steiner: Die Baghavad Gita und die Paulusbriefe, Dornach 1960
22 Rudolf Steiner: Aus der Akasha-Chronik, Dornach
23 Rudolf Steiner: Faust, der strebende Mensch, Vortrag v. 16. VIII. 1915, Freiburg 1955
24 Rudolf Steiner: Christus und die geistige Welt, Dornach 1960
25 Rudolf Steiner: Rhythmen im Kosmos und im Menschenwesen, Arbeitervorträge, Dornach 1962
26 Emil Bock: Moses und sein Zeitalter

Zweiter Aufzug

27 Rudolf Steiner: Das Matthäus-Evangelium, Dornach 1949
28 Rudolf Steiner: Ägyptische Mythen und Mysterien, Dornach 1960
29 Rudolf Steiner: Kunst im Lichte der Mysterienweisheit, Dornach 1966
30 A. Einstein: Mozart, Stuttgart 1953
31 Ernst Ühli: Kultur und Kunst Ägyptens
32 Hermann Beckh: Die Sprache der Tonarten
33 H. Abert: W. A. Mozart, Leipzig 1924
34 Rudolf Steiner: Wege zu einem neuen Baustil
35 L. Preller: Griechische Mythologie
36 Ernst Bindel: Die ägyptischen Pyramiden
37 A. W. Ambros: Geschichte der Musik, 1. Band (zitiert nach E. Bindel)
38 Ernst Bindel: Die geistigen Grundlagen der Zahlen
39 Rudolf Steiner: Das Geheimnis der Zahlen
40 Rudolf Steiner: Die Mysterien des Morgenlandes und des Christentums, Dornach 1960
41 A. G. Huber: Ethos und Mythos der Rhythmen
42 Rudolf Steiner: Wie erlangt man Erkenntnisse der höheren Welten, Dornach 1981
43 Rudolf Steiner: Die okkulte Bedeutung der Musik
44 Sigismund v. Gleich: Marksteine der Kulturgeschichte

Johann Wolfgang von Goethe

DER ZAUBERFLÖTE ZWEITER TEIL

Ein Fragment

Tag, Wald, Felsengrotte, zu einem ernsthaften Portal zugehauen. Aus dem Walde kommen
Monostatos
Mohren

Monostatos

Erhebet und preiset,
Gefährten, unser Glück!
Wir kommen im Triumphe
Zur Göttin zurück.

Chor

Es ist uns gelungen,
Es half uns das Glück!
Wir kommen im Triumphe
Zur Göttin zurück.

Monostatos

Wir wirkten verstohlen,
Wir schlichen hinan;
Doch was sie uns befohlen,
Halb ist es getan.

Chor

Wir wirkten verstohlen,
Wir schlichen hinan;
Doch was sie uns befohlen,
Bald ist es getan.

Monostatos

O Göttin! die du, in den Grüften
Verschlossen, mit dir selber wohnest,
Bald in den höchsten Himmelslüften
Zum Trutz der stolzen Lichter thronest,
O höre deinen Freund! höre deinen künftigen Gatten!
Was hindert dich, allgegenwärtige Macht,
Was hält dich ab, o Königin der Nacht!

In diesem Augenblick uns hier zu überschatten.
(Donnerschlag. Monostatos und die Mohren stürzen zu Boden. Finsternis. Aus dem Portal entwickeln sich Wolken und verschlingen es zuletzt.)

Die Königin *(in den Wolken).*
Wer ruft mich an?
Wer wagt's, mit mir zu sprechen?
Wer, diese Stille kühn zu unterbrechen?
Ich höre nichts – so bin ich denn allein!
Die Welt verstummt um mich, so soll es sein.
(Die Wolken dehnen sich über das Theater aus und ziehen über Monostatos und die Mohren hin, die man jedoch noch sehen kann.)
Woget, ihr Wolken, hin,
Decket die Erde,
Daß es noch düsterer,
Finsterer werde!
Schrecken und Schauer,
Klagen und Trauer
Leise verhalle, bang
Ende den Nachtgesang
Schweigen und Tod.

Monostatos *und das* Chor *(in voriger Stellung, ganz leise).*
Vor deinem Throne hier
Liegen und dienen –

Königin
Seid ihr Getreuen mir
Wieder erschienen?

Monostatos
Ja, dein Getreuer,
Geliebter, er ist's.

Königin
Bin ich gerochen?

Chor
Göttin, du bist's!

Königin Schlängelt, ihr Blitze,
Mit wütendem Eilen,
Rastlos, die lastenden
Nächte zu teilen!
Strömet, Kometen,
Am Himmel hernieder!
Wandelnde Flammen,
Begegnet euch wieder,
Leuchtet der hohen
Befriedigten Wut!

Monostatos *und das* Chor Siehe! Kometen,
Sie steigen hernieder,
Wandelnde Flammen
Begegnen sich wieder,
Und von den Polen
Erhebt sich die Glut.
(Indem ein Nordlicht sich aus der Mitte verbreitet, steht die Königin wie in einer Glorie. In den Wolken kreuzen sich Kometen, Elmsfeuer und Lichtballen. Das Ganze muß durch Form und Farbe und geheime Symmetrie einen zwar grausenhaften, doch angenehmen Effekt machen.)

Monostatos In solcher feierlichen Pracht
Wirst du nun bald der ganzen Welt erscheinen;
Ins Reich der Sonne wirket deine Macht.
Pamina und Tamino weinen;
Ihr höchstes Glück ruht in des Grabes Nacht.

Königin Ihr neugeborner Sohn, ist er in meinen Händen?

Monostatos. Noch nicht; doch werden wir's vollenden,
Ich les' es in der Sterne wilder Schlacht.

Königin Noch nicht in meiner Hand? was habt ihr denn getan?

Monostatos O Göttin, sieh uns gnädig an!
In Jammer haben wir das Königshaus verlassen.

Nun kannst du sie mit Freude hassen.
Vernimm! – Der schönste Tag bestieg schon seinen Thron,
Die süße Hoffnung nahte schon,
Versprach, der Gattentreue Lohn,
Den lang erflehten ersten Sohn.
Die Mädchen wanden schon die blumenreichsten Kränze,
Sie freuten sich auf Opferzug und Tänze,
Und neue Kleider freuten sie noch mehr.
Indes die Fraun mit klugem Eifer wachten
Und mütterlich die Königin bedachten –
Unsichtbar schlichen wir durch den Palast umher –
Da rief's: «Ein Sohn! ein Sohn!» Wir öffnen ungesäumt
Den goldnen Sarg, den du uns übergeben,
Die Finsternis entströmt, umhüllet alles Leben,
Ein jeder tappt und schwankt und träumt.
Die Mutter hat des Anblicks nicht genossen,
Der Vater sah noch nicht das holde Kind,
Mit Feuerhand ergreif' ich es geschwind,
In jenen goldnen Sarg wird es sogleich verschlossen –
Und immer finstrer wird die Nacht,
In der wir ganz allein mit Tigeraugen sehen;
Doch ach! da muß, ich weiß nicht, welche Macht,
Mit strenger Kraft uns widerstehen.
Der goldne Sarg wird schwer –

Chor — Wird schwerer uns in Händen.

Monostatos — Wird schwerer, immer mehr und mehr!
Wir können nicht das Werk vollenden.

Chor — Er zieht uns an den Boden hin.

Monostatos — Dort bleibt er fest und läßt sich nicht bewegen.
Gewiß! es wirkt Sarastros Zaubersegen.

Chor — Wir fürchten selbst den Bann und fliehn.

Königin — Ihr Feigen, das sind eure Taten?
Mein Zorn –

Chor — Halt ein den Zorn, o Königin!

Monostatos — Mit unverwandtem, klugem Sinn
Drück' ich dein Siegel schnell, das niemand lösen kann,
Aufs goldne Grab und sperre so den Knaben
Auf ewig ein.
So mögen sie den starren Liebling haben!
Da mag er ihre Sorge sein!
Dort steht die tote Last, der Tag erscheinet bange,
Wir ziehen fort mit drohendem Gesange.

Chor — Sähe die Mutter je,
Säh' sie den Sohn:
Risse die Parze gleich
Schnell ihn davon.

Sähe der Vater je,
Säh' er den Sohn:
Risse die Parze gleich
Schnell ihn davon.

Monostatos — Zwar weiß ich, als wir uns entfernt,
Ist federleicht der Sarkophag geworden.
Sie bringen ihn dem brüderlichen Orden,
Der, still in sich gekehrt, die Weisheit lehrt und lernt.
Nun muß, mit List und Kraft, dein Knecht aufs neue wirken!
Selbst in den heiligen Bezirken
Hat noch dein Haß, dein Fluch hat seine Kraft.
Wenn sich die Gatten sehn, soll Wahnsinn sie berücken;
Wird sie der Anblick ihres Kinds entzücken,
So sei es gleich auf ewig weggerafft.

Königin
Monostatos — Sehen die Eltern je,
Sehn sie sich an:

und Chor	Fasse die Seele gleich Schauder und Wahn!

Sehen die Eltern je,
Sehn sie den Sohn:
Reiße die Parze gleich
Schnell ihn davon!
(Das Theater geht in ein Chaos über, daraus entwickelt sich
Ein königlicher Saal.
(Frauen tragen auf einem goldnen Gestelle, von welchem ein prächtiger Teppich herabhängt, einen goldnen Sarkophag. Andere tragen einen reichen Baldachin darüber. Chor.)

Chor der Frauen	In stiller Sorge wallen wir Und trauern bei der Lust; Ein Kind ist da, ein Sohn ist hier, Und Kummer drückt die Brust.
Eine Dame	So wandelt fort und stehet niemals stille, Das ist der weisen Männer Wille, Vertraut auf sie, gehorchet blind; Solang ihr wandelt, lebt das Kind.
Chor	Ach armes, eingeschloss'nes Kind, Wie wird es dir ergehen. Dich darf die gute Mutter nicht, Der Vater dich nicht sehen.
Eine Dame	Und schmerzlich sind die Gatten selbst geschieden, Nicht Herz an Herz ist ihnen Trost gegönnt. Dort wandelt er, dort weinet sie getrennt; Sarastro nur verschafft dem Hause Frieden.
Chor	O schlafe sanft, o schlafe süß, Du längst erwünschter Sohn! Aus diesem frühen Grabe steigst Du auf des Vaters Thron.

Eine Dame — Der König kommt, laßt uns von dannen wallen.
Im öden Raum läßt er die Klage schallen,
Schon ahnet er die Öde seines Throns;
Er sehe nicht den Sarg des teuern Sohns.
(Sie ziehen vorüber.)

Tamino — Wenn dem Vater aus der Wiege
Zart und frisch der Knabe lächelt,
Und die vielgeliebten Züge
Holde Morgenluft umfächelt,
Ja! dem Schicksal dieser Gabe
Dankt er mehr als alle Habe:
Ach, es lebt, es wird geliebt,
Bis es Liebe wiedergibt.

Die Frauen — *(in der Ferne).*
Ach, es lebt, es wird geliebt,
Bis es Liebe wiedergibt.

Tamino — Dämmernd nahte schon der Tag
An Aurorens Purpur-Schöne.
Ach! ein grauser Donnerschlag
Hüllt in Nacht die Freudenszene.
Und was mir das Schicksal gab,
Deckt so früh ein goldnes Grab.

Die Frauen — *(in der Ferne).*
Ach, was uns das Schicksal gab,
Deckt so früh ein goldnes Grab.

Tamino — Ich höre sie, die meinen Liebling tragen.
O kommt heran! Laßt uns zusammen klagen!
O sagt! wie trägt Pamina das Geschick?

Eine Dame — Es fehlen ihr der Götter schönste Gaben,
Sie seufzt nach dir, sie jammert um den Knaben.

Tamino — O sagt mir, lebt noch mein verschloss'nes Glück?

Bewegt sich's noch an seinem Zauberplatze?
O gebt mir Hoffnung zu dem Schatze!
O gebt mir bald ihn selbst zurück!

Damen

Wenn mit betrübten Sinnen
Wir wallen und wir lauschen,
So hören wir da drinnen
Gar wunderlich es rauschen.
Wir fühlen was sich regen,
Wir sehn den Sarg sich bewegen,
Wir horchen und wir schweigen
Auf diese guten Zeichen.
Und nachts, wenn jeder Ton verhallt,
So hören wir ein Kind, das lallt.

Tamino

Ihr Götter! schützet es auf wunderbare Weise!
Erquickt's mit eurem Trank! nährt es mit eurer Speise,
Und ihr beweist mir eure Treue.
Bewegt euch immer fort und fort!
Bald rettet uns mit heil'ger Weihe
Sarastros lösend Götterwort.

Lauschet auf die kleinste Regung,
Meldet jegliche Bewegung
Dem besorgten Vater ja.

Tamino *und* Chor

Und befreiet und gerettet,
An der Mutter Brust gebettet,
Lieg' er bald ein Engel da.
(Wald und Fels, im Hintergrund eine Hütte, an der einen Seite derselben ein goldner Wasserfall, an der andern ein Vogelherd.) Papageno, Papagena sitzen auf beiden Seiten des Theaters voneinander abgewendet.

Sie

(steht auf und geht zu ihm).
Was hast du denn, mein liebes Männchen?

Er

(sitzend).

Ich bin verdrießlich, laß mich gehn!

Sie — Bin ich denn nicht dein liebes Hennchen?
Magst du denn mich nicht länger sehn?

Er — Ich bin verdrießlich! bin verdrießlich!

Sie — Er ist verdrießlich! ist verdrießlich!

Beide — Die ganze Welt ist nicht mehr schön.

Sie — *(setzt sich auf ihre Seite).*

Er — *(steht auf und geht zu ihr).*
Was hast du denn, mein liebes Weibchen?

Sie — Ich bin verdrießlich! laß mich gehn!

Er — Bist du denn nicht mein süßes Täubchen?
Will unsre Liebe schon vergehn?

Sie — Ich bin verdrießlich! bin verdrießlich!

Er — *(sich entfernend).*
Ich bin verdrießlich, bin verdrießlich!

Beide — Was ist uns beiden nur geschehn?

Er — Mein Kind! Mein Kind! laß uns nur ein bißchen zur Vernunft kommen. Sind wir nicht recht undankbar gegen unsre Wohltäter, daß wir uns so unartig gebärden?

Sie — Ja wohl! ich sag' es auch, und doch ist es nicht anders.

Er — Warum sind wir denn nicht vergnügt?

Sie — Weil wir nicht lustig sind.

Er — Hat uns nicht der Prinz zum Hochzeitgeschenk die kostbare Flöte gegeben, mit der wir alle Tiere herbeilocken, hernach die schmackhaften aussuchen und uns die beste Mahlzeit bereiten?

Sie — Hast du mir nicht gleich am zweiten Hochzeittag das herrliche Glockenspiel geschenkt? Ich darf nur darauf schlagen, sogleich stürzen sich alle Vögel ins Netz. Die Tauben fliegen uns gebraten ins Maul.

Er — Die Hasen laufen gespickt auf unsern Tisch! und Sarastro hat uns die ergiebige Weinquelle an unsre Hütte herangezaubert – und doch sind wir nicht vergnügt.

Sie — *(seufzend).* Ja! es ist kein Wunder.

Er — *(seufzend).* Freilich! kein Wunder.

Sie — Es fehlt uns –

Er — Leider, es fehlen uns –

Sie — *(weinend).* Wir sind doch recht unglücklich!

Er — *(weinend).* Ja wohl, recht unglücklich!

Sie — *(immer mit zunehmendem Weinen und Schluchzen).* Die schönen,

Er — *(gleichfalls).* Artigen,

Sie — Kleinen.

Er — Scharmanten,

Sie — Pa –

Er — Pa –

Sie	Papa –
Er	Papa –
Sie	Ach, der Schmerz wird mich noch umbringen.
Er	Ich mag gar nicht mehr leben!
Sie	Mich deuchte, sie wären schon da.
Er	Sie hüpften schon herum.
Sie	Wie war das so artig.
Er	Erst einen kleinen Papageno.
Sie	Dann wieder eine kleine Papagena.
Er	Papageno.
Sie	Papagena.
Er	Wo sind sie nun geblieben?
Sie	Sie sind eben nicht gekommen.
Er	Das ist ein rechtes Unglück! Hätte ich mich nur beizeiten gehangen!
Sie	Wär' ich nur eine alte Frau geblieben!
Beide	Ach wir Armen!
Chor	*(hinter der Szene).* Ihr guten Geschöpfe, Was trauert ihr so? Ihr lustigen Vögel, Seid munter und froh!

Er	Aha!
Sie	Aha!
Beide	Es klingen die Felsen, Sie singen einmal. So klangen, So sangen Der Wald sonst und der Saal.
Chor	Besorgt das Gewerbe, Genießet in Ruh, Euch schenken die Götter – *(Pause).*
Er	Die Pa?
Chor	*(als Echo).* Die Pa, Pa, Pa.
Sie	Die Pa? Pa? Pa?
Chor	*(als Echo).* Pa, Pa, Pa, Pa.
Er	Die Papagenos? *(Pause).*
Sie	Die Papagenas? *(Pause).*
Chor	Euch geben[1] die Götter Die Kinder dazu.
Er	Komm, laß uns geschäftig sein, Da vergehn die Grillen.

---

[1]D.h. mögen geben!

Erstlich noch ein Gläschen Wein –
(Sie gehn nach der Quelle und trinken.)

Beide — Nun laß uns geschäftig sein,
Schon vergehn die Grillen.
(Er nimmt die Flöte und sieht sich um, als wenn er nach dem Wilde sähe. Sie setzt sich in die kleine Laube an den Vogelherd und nimmt das Glockenspiel vor sich.)

Er — *(bläst).*

Sie — *(singt).*
Laß, o großer Geist des Lichts!
Unsre Jagd gelingen.

Sie — *(spielt).*

Beide — *(singen).*
Laß der Vögel bunte Schar
Nach dem Herde dringen.

Er — *(bläst).*

Sie — *(singt).*
Sieh! die Löwen machen schon
Frisch sich auf die Reise.

Sie — *(spielt).*

Er — *(singt).*
Gar zu mächtig sind sie mir.
Sie sind zähe Speise.

Er — *(bläst).*

Sie — *(singt).*
Hör', die Vöglein flattern schon,
Flattern auf den Ästen.

Sie *(spielt).*

Er *(singt).*
Spiele fort! Das kleine Volk
Schmeckt am allerbesten.
Auf dem Felde hüpfen schon
Schöne fette Hühnchen.

Er *(bläst).*

Sie *(spielt und singt).*
Blase fort! da kommen schon
Hasen und Kaninchen.
(Es erscheinen auf dem Felde Hasen und Kaninchen. Indessen sind auch die Löwen, Bären und Affen angekommen und treten dem Papageno in Weg.)

Sie *(spielt).*

Er *(singt).*
Wär' ich nur die Bären los!
Die verwünschten Affen!
Jene sind so breit und dumm,
Das sind schmale Laffen.
(Auf den Bäumen lassen sich Papageien sehen.)

Sie *(spielt und singt).*
Auch die Papageienschar
Kommt von weiten Reisen.
Glänzend farbig sind sie zwar;
Aber schlecht zu speisen.

Er *(hat indessen den Hasen nachgestellt und einen erwischt und bringt ihn an den Löffeln hervor).*
Sieh, den Hasen hascht' ich mir
Aus der großen Menge.

Sie *(hat indessen das Garn zugeschlagen, in welchem man Vögel flattern sieht).*

Sieh, die fetten Vögel hier
Garstig im Gedränge.
(Sie nimmt einen Vogel heraus und bringt ihn an den Flügeln hervor.)

Beide

Wohl, mein Kind, wir leben so
Einer von dem andern.
Laß uns heiter, laß uns froh
Nach der Hütte wandern.

Chor

(unsichtbar).
Ihr lustigen Vögel,
Seid munter und froh.
Verdoppelt die Schritte,
Schon seid ihr erhört;
Euch ist in der Hütte
Das Beste beschert.

(Bei der Wiederholung fallen Er *und* Sie *mit ein.)*
Verdopple die Schritte,
Schon sind wir erhört;
Uns ist in der Hütte
Das Beste beschert.

Tempel
Versammlung der Priester.

Chor

Schauen kann der Mann und wählen!
Doch was hilft ihm oft die Wahl.
Kluge schwanken, Weise fehlen,
Doppelt ist dann ihre Qual.
Recht zu handeln,
Grad zu wandeln,
Sei des edlen Mannes Wahl.
Soll er leiden,
Nicht entscheiden,
Spreche Zufall auch einmal.
Sarastro tritt vor dem Schlusse des Gesanges unter sie. Sobald der

Gesang verklungen hat, kommt der Sprecher herein und tritt zu Sarastro.

Der Sprecher Vor der nördlichen Pforte unserer heiligen Wohnung stehet unser Bruder, der die Pilgrimschaft unseres Jahres zurückgelegt hat, und wünscht wieder eingelassen zu werden. Er übersendet hier das gewisse Zeichen, an dem du erkennen kannst,daß er noch wert ist, in unsere Mitte wieder aufgenommen zu werden.
(Er überreicht Sarastro einen runden Krystall an einem Bande.)

Sarastro Dieser geheimnisvolle Stein ist noch hell und klar. Er würde trüb erscheinen, wenn unser Bruder gefehlt hätte. Führe den Wiederkehrenden heran!
(Der Sprecher geht ab.)

Sarastro In diesen stillen Mauern lernt der Mensch sich selbst und sein Innerstes erforschen. Er bereitet sich vor, die Stimme der Götter zu vernehmen; aber die erhabene Sprache der Natur, die Töne der bedürftigen Menschheit lernt nur der Wandrer kennen, der auf den weiten Gefilden der Erde umherschweift. In diesem Sinne verbindet uns das Gesetz, jährlich einen von uns als Pilger hinaus in die rauhe Welt zu schicken. Das Los entscheidet, und der Fromme gehorcht. Auch ich, nachdem ich mein Diadem dem würdigen Tamino übergeben habe, nachdem er mit junger Kraft und frühzeitiger Weisheit an meiner Stelle regiert, bin heute zum erstenmal auch in dem Falle, so wie jeder von euch, in das heilige Gefäß zu greifen und mich beim Ausspruche des Schicksals zu unterwerfen.
(Der Sprecher mit dem Pilger tritt ein.)

Pilger Heil dir, Vater! Heil euch, Brüder!

Alle Heil dir!

Sarastro Der Krystall zeigt mir an, daß du reines Herzens zurücke kehrst, daß keine Schuld auf dir ruht. Nun aber teile dei-

nen Brüdern mit, was du gelernt, was du erfahren hast, und vermehre die Weisheit, indem du sie bestätigst. Vor allem aber warte noch ab, wem du deine Kleider, wem du dieses Zeichen übergeben sollst, wen der Wille der Götter für diesmal aus der glücklichen Gesellschaft entfernen wird.
(Er gibt dem Pilger die Kugel zurück. Zwei Priester bringen einen tragbaren Altar, auf welchem ein flaches goldnes Gefäß steht. Der Altar muß so hoch sein, daß man nicht in das Gefäß hineinsehen kann, sondern in die Höhe reichen muß, um hineinzugreifen.)
Chorgesang.

Sarastro *(der seine Rolle auseinander wickelt).*
Mich traf das Los, und ich zaudere keinen Augenblick, mich seinem Gebote zu unterwerfen. Ja, die Ahnung ist erfüllt. Mich entfernen die Götter aus eurer Mitte, um euch und mich zu prüfen. Im wichtigen Augenblicke werde ich abgerufen, da die Kräfte feindseliger Mächte wirksamer werden. Durch meine Trennung von euch wird die Schale des Guten leichter. Haltet fest zusammen, dauert aus, lenkt nicht vom rechten Wege, und wir werden uns fröhlich wiedersehen.

Die Krone gab ich meinem lieben,
Ich gab sie schon dem werten Mann.
Die Herrschaft ist mir noch geblieben,
Daß ich euch allen dienen kann.
Doch wird auch das mir nun entrissen;
Ich werd' euch heute lassen müssen
Und von dem heilig lieben Ort –
Ich gehe schon.
Leb' wohl, mein Sohn!
Lebt wohl, ihr Söhne!
Bewahret der Weisheit hohe Schöne.
Ich gehe schon
Vom heilig lieben Ort,
Als Pilger aus der Halle fort.

(Während dieser Arie gibt Sarastro sein Oberkleid und die hohenpriesterlichen Abzeichen hinweg, die nebst dem goldnen Gefäße weggetragen werden. Er empfängt dagegen die Pilgerkleider, das Band mit der Krystallkugel wird ihm umgehangen, und er nimmt den Stab in die Hand. Hiezu wird der Komponist zwischen den verschiedenen Teilen der Arie, jedoch nur soviel als nötig, Raum zu lassen wissen.)

Chor

Wer herrschet nun
Am heilig lieben Ort?
Er geht von uns als Pilger fort.
(Die Priester bleiben zu beiden Seiten stehen, der Altar in der Mitte.)

Sarastro

Mir ward bei euch, ihr Brüder,
Das Leben nur ein Tag.
Drum singet Freudenlieder,
Werft euch in Demut nieder
Und gleich erhebt euch wieder,
Was auch der Gott gebieten mag.
Von euch zu scheiden,
Von euch zu lassen,
Welch tiefes Leiden!
Ich muß mich fassen!
O harter Schlag!
(Ab.)

Chor

Ihr heiligen Hallen,
Vernehmet die Klagen;
Nicht mehr erschallen
An heitern Tagen
Sarastros Worte,
Am ernsten Orte
In edlen Pflichten
Zu unterrichten.
Es soll die Wahrheit
Nicht mehr auf Erden
In schöner Klarheit

Verbreitet werden.
Dein hoher Gang
Wird nun vollbracht;
Doch uns umgibt
Die tiefe Nacht.

Ein feierlicher Zug.
(Pamina mit ihrem Gefolge. Das Kästchen wird gebracht. Sie will es, einer Vorbedeutung zufolge, der Sonne widmen, und das Kästchen wird auf den Altar gesetzt. Gebet, Erdbeben. Der Altar versinkt und das Kästchen mit. Verzweiflung der Pamina. Diese Szene ist dergestalt angelegt, daß die Schauspielerin durch Beihülfe der Musik eine bedeutende Folge von Leidenschaften ausdrücken kann.)
Wald und Fels.
Papagenos Wohnung.
(Sie haben große, schöne Eier in der Hütte gefunden. Sie vermuten, daß besondere Vögel drinnen stecken mögen. Der Dichter muß sorgen, daß die bei dieser Gelegenheit vorfallenden Späße innerhalb der Grenzen der Schicklichkeit bleiben. Sarastro kommt zu ihnen. Nach einigen mystischen Äußerungen über die Naturkräfte steigt ein niedriger Felsen aus der Erde, in dessen Innern sich ein Feuer bewegt. Auf Sarastros Anweisung wird auf demselbigen ein artiges Nest zurecht gemacht, die Eier hineingelegt und mit Blumen bedeckt. Sarastro entfernt sich. Die Eier fangen an zu schwellen, eins nach dem andern bricht auf, und drei Kinder kommen heraus, zwei Jungen und ein Mädchen. Ihr erstes Betragen untereinander sowie gegen die Alten gibt zu dichterischen und musikalischen Scherzen Gelegenheit. Sarastro kommt zu ihnen. Einige Worte über Erziehung. Dann erzählt er ihm den traurigen Zustand, in dem sich Pamina und Tamino befinden. Nach dem Versinken des Kästchens sucht Pamina ihren Gatten auf. Indem sie sich erblicken, fallen sie in einen periodischen Schlaf, wie ihnen angedroht war, aus dem sie nur kurze Zeit erwachen, um sich der Verzweiflung zu überlassen. Sarastro heißt die muntere Familie nach Hofe zu gehen, um die Betrübnis durch ihre Scherze aufzuheitern. Besonders soll Papageno die Flöte mitnehmen, um deren heilende Kraft zu ver-

suchen. Sarastro bleibt allein zurück und ersteigt unter einer bedeutenden Arie den heiter liegenden Berg.)
Vorsaal im Palast.
Zwei Damen und zwei Herren (gehen auf und ab).

Tutti

Stille, daß niemand sich rühre, sich rege,
Daß der Gesang nur sich schläfernd bewege!
Wachend und sorgend bekümmert euch hier;
Kranket der König, so kranken auch wir.

Dritte Dame

(schnell kommend).
Wollet ihr das Neuste hören,
Kann ich euch das Neuste sagen;
Lange werden wir nicht klagen,
Denn die Mutter ist versöhnt.

Dritter Herr

(schnell kommend und einfallend).
Und man saget, Papageno
Hat den größten Schatz gefunden,
Große Gold- und Silberklumpen,
Wie die Straußeneier groß.

Erstes Tutti

Stille, wie mögt ihr das Neue nur bringen,
Da wir die Schmerzen der Könige singen?
(Pause.)
Aber so redet denn, macht es nur kund.

Dritte Dame

Wollet ihr das Neueste hören? –

Dritter Herr

Und man saget, Papageno –

Dritte Dame

Lasset euch das Neuste sagen –

Dritter Herr

Hat den größten Schatz gefunden –

Vierte Dame

(schnell kommend und einfallend).
War Sarastro doch verschwunden;
Doch man weiß, wo er gewesen,

Kräuter hat er nur gelesen,
Und er kommt und macht gesund.

Vierter Herr *(geschwind kommend und einfallend).*
Ich verkünde frohe Stunden,
Alle Schmerzen sind vorüber;
Denn es ist der Prinz gefunden,
Und man trägt ihn eben her.

Tutti *(der letzten viere, in welchem sie ihre Nachrichten verschränkt wiederholen).*

Tutti *(der ersten viere).*
Stille, wie mögt ihr die Märchen uns bringen.
Helfet die Schmerzen der Herrscher besingen.
Wär' es doch wahr und sie wären gesund.
(Die letzten viere fallen ein, indem sie ihre Nachrichten immer verschränkt wiederholen.) Papageno und Papagena, die mit der Wache streitend hereindringen.

Papageno Es soll mich niemand abhalten.

Papagena Mich auch nicht.

Papageno Ich habe dem König eher Dienste geleistet[1], als eure Bärte zu wachsen anfingen, mit denen ihr jetzo grimmig tut.

Papagena Und ich habe der Königin manchen Gefallen getan, als der böse Mohr sie noch in seinen Klauen hatte. Freilich würde sie mich nicht mehr kennen; denn damals war ich alt und häßlich, jetzo bin ich jung und hübsch.

Papageno Also will ich nicht wieder hinaus, da ich einmal herein bin.

Papagena Und ich will bleiben, weil ich hier bin.

---

[1] Neckischer Hinweis auf Papagenos Verhältnis zum Prinzen schon in Mozarts «Zauberflöte».

Herr — Sieh da, das gefiederte Paar! recht wie gerufen. *(Zur Wache.)* Laßt sie nur! Sie werden dem König und der Königin willkommen sein.

Papageno — Tausend Dank, ihr Herren! Wir hören, es sieht hier sehr übel aus.

Herr — Und wir hören, es sieht bei euch sehr gut aus.

Papageno — Bis es besser wird, mag es hingehen.

Dame — Ist's denn wahr, daß ihr die herrlichen Eier gefunden habt?

Papageno — Gewiß.

Herr — Goldne Straußeneier?

Papageno — Nicht anders.

Dame — Kennt ihr denn auch den Vogel, der sie legt?

Papageno — Bis jetzt noch nicht.

Dame — Es müssen herrliche Eier sein.

Papageno — Ganz unschätzbar.

Herr — Wieviel habt ihr denn bis jetzt gefunden?

Papageno — Ungefähr zwei bis dritthalb Schock.

Dame — Und alle massiv?

Papageno — Bis auf einige, die lauter[1] waren.

---

[1] d.h. durchsichtig hell.

Herr	Allerliebster Papageno, ihr ließt mir wohl eine Mandel zukommen?
Papageno	Von Herzen gern.
Dame	Ich wollte mir nur ein paar in mein Naturalienkabinett ausbitten.
Papageno	Sie stehen zu Diensten.
Dame	Dann habe ich noch ein Dutzend Freunde, alles Naturforscher, die sich besonders auf die edlen Metalle vortrefflich verstehen.
Papageno	Alle sollen befriedigt werden.
Herr	Ihr seid ein vortrefflicher Mensch.
Papageno	Das wird mir leicht. Die Eier sind das Wenigste. Ich bin ein Handelsmann und zwar im großen, wie ich sonst im kleinen war.
Dame	Wo sind denn eure Waren?
Papageno	Draußen vor dem äußersten Schloßhofe. Ich mußte sie stehen lassen.
Dame	Gewiß wegen des Zolls.
Papageno	Sie wußten gar nicht, was sie fordern sollten.
Herr	Sie sind wohl sehr kostbar.
Papageno	Unschätzbar.
Dame	Man kann es nach den Eiern berechnen.
Papageno	Freilich! Sie schreiben sich von den Eiern her.

Herr — *(zur Dame).* Wir müssen ihn zum Freunde haben, wir müssen ihnen durchhelfen.
(Mit Papageno und Papagena ab, sodann mit beiden zurück. Sie tragen goldne Käfige mit beflügelten Kindern.)

Papageno und Papagena.
Von allen schönen Waren,
Zum Markte hergefahren,
Wird keine mehr behagen,
Als die wir euch getragen
Aus fremden Ländern bringen.
O höret, was wir singen,
Und seht die schönen Vögel!
Sie stehen zum Verkauf.

Papagena — *(einen herauslassend).*
Zuerst beseht den großen,
Den lustigen, den losen.
Er hüpfet leicht und munter
Vom Baum und Busch herunter;
Gleich ist er wieder droben.
Wir wollen ihn nicht loben.
O seht den muntern Vogel!
Er steht hier zum Verkauf.

Papageno — *(den andern vorweisend).*
Betrachtet nun den kleinen,
Er will bedächtig scheinen,
Und doch ist er der lose
So gut als wie der große.
Er zeiget meist im stillen
Den allerbesten Willen.
Der lose, kleine Vogel,
Er steht hier zum Verkauf.

Papagena — *(das dritte zeigend).*
O seht das kleine Täubchen!
Das liebe Turtelweibchen.
Die Mädchen sind so zierlich,

Verständig und manierlich.
Sie mag sich gerne putzen
Und eure Liebe nutzen.
Der kleine, zarte Vogel,
Er steht hier zum Verkauf.

Beide

Wir wollen sie nicht loben,
Sie stehn zu allen Proben.
Sie lieben sich das Neue;
Doch über ihre Treue
Verlangt nicht Brief und Siegel:
Sie haben alle Flügel.
Wie artig sind die Vögel!
Wie reizend ist der Kauf!
(Es hängt von dem Komponisten ab, die letzten Zeilen eines jeden Verses teils durch die Kinder, teils durch die Alten und zuletzt vielleicht durch das ganze Chor der gegenwärtigen Personen wiederholen zu lassen.)

Dame

Sie sind wohl artig genug; aber ist das alles?

Papagena

Alles, und ich dächte, genug.

Herr

Habt ihr nicht einige von den Eiern im Korbe? Sie wären mir lieber als die Vögel.

Papageno

Ich glaub's. Sollte man übrigens in dieser wahrheitsliebenden Gesellschaft die Wahrheit sagen dürfen, so würde man bekennen, dass man ein wenig aufgeschnitten hat.

Herr

Nur ohne Umstände.

Papageno

So würde ich sagen, daß dieses unser ganzer Reichtum sei.

Dame

Da wärt ihr weit.

Herr

Und die Eier?

Papageno	Davon sind nur die Schalen noch übrig. Denn eben diese sind herausgekrochen.
Herr	Und die übrigen dritthalb Schock ungefähr?
Papageno	Das war nur eine Redensart.
Dame	Da bleibt euch wenig übrig.
Papageno	Ein hübsches Weibchen, lustige Kinder und guter Humor. Wer hat mehr?
Herr	Du bist also noch immer weiter nichts als ein Lustigmacher.
Papageno	Und deshalb unentbehrlich.
Herr	Vielleicht könnte dieser Spaß den König und die Königin erheitern?
Dame	Keineswegs. Es würde vielleicht ihnen nur traurige Erinnerungen geben.
Papageno	Und doch hat mich Sarastro deswegen hergeschickt.
Herr	Sarastro? Wo habt ihr Sarastro gesehn?
Papagenpo	In unsern Gebirgen.
Herr	Er suchte Kräuter?
Papageno	Nicht daß ich wüßte.
Herr	Ihr saht doch, daß er sich manchmal bückte.
Papageno	Ja, besonders wenn er stolperte.
Herr	So ein heiliger Mann stolpert nicht; er bückte sich vorsätzlich.

Papageno — Ich bin es zufrieden.

Herr — Er suchte Kräuter und vielleicht Steine und kommt hieher, König und Königin zu heilen.

Papageno — Wenigstens heute nicht; denn er befahl mir ausdrücklich, nach dem Palaste zu gehen, die berühmte Zauberflöte mitzunehmen und beim Erwachen von Ihro Majestäten gleich die sanfteste Melodie anzustimmen und dadurch ihren Schmerz wenigstens eine Zeitlang auszulöschen.

Dame — Man muß alles versuchen.

Herr — Es ist eben die Stunde des Erwachens. Versucht euer möglichstes. An Dank und Belohnung soll es nicht fehlen.

Pamina *und* Tamino — *(unter einem Thronhimmel auf zwei Sesseln schlafend).*
(Man wird, um den pathetischen Eindruck nicht zu stören, wohl die Papagena mit den Kindern abtreten lassen, auch Papageno, der die Flöte bläst, kann sich hinter die Kulisse wenigstens verbergen und nur von Zeit zu Zeit sich sehen lassen.)

Pamina — *(auf den Ton der Flöte erwachend).*
An der Seite des Geliebten
Süß entschlafen, sanft erwachen,
Gleich zu sehn den holden Blick.
(Papageno hört auf zu blasen und horcht.)

Tamino — *(erwachend).*
Ach, das könnte den Betrübten
Gleich zum frohen Gatten machen;
Aber ach, was stört mein Glück!

Chor — Papageno, blase, blase!
Denn es kehrt der Schmerz zurück.

Pamina — *(aufstehend und herunterkommend).*
Aufgemuntert von dem Gatten

Sich zur Tätigkeit erheben,
Nach der Ruhe sanftem Schatten
Wieder in das rasche Leben
Und zur Pflicht, o welche Lust!

Tamino — *(aufstehend und herunter kommend).*
Immerfort bei guten Taten
Sich der Gattin Blick erfreuen,
Von der milden wohlberaten
Sich der heitern Tugend weihen,
O wie hebt es meine Brust!
(Sie umarmen sich. Pause, besonders der Flöte.)

Chor — Papageno, laß die Flöte
Nicht von deinem Munde kommen!
Halte nur noch diesmal aus!

Papageno — Laßt mich nur zu Atem kommen! Denn er bleibt mir wahrlich aus.

Tamino *und* Pamina — *(sich voneinander entfernend).*
Ach, was hat man uns genommen!
O wie leer ist dieses Haus!

Chor — Blase, Papageno, blase,
Halte nur noch diesmal aus!
(Papageno bläst.)

Tamino *und* Pamina — Nein, man hat uns nichts genommen,
Groß und reich ist unser Haus.

Papageno — Ach, mir bleibt der Atem aus!

Chor — Halte nur noch diesmal aus!

Pamina *und* Tamino — O wie leer ist dieses Haus!
(Es ist wohl überflüssig zu bemerken, dass es ganz von dem Komponisten abhängt, den Übergang von Zufriedenheit und

Freude zu Schmerz und Verzweiflung nach Anlaß vorstehender Verse zu verschränken und zu wiederholen.)
(Es kommen Priester. Es wird von dem Komponisten abhängen, ob derselbe nur zwei oder das ganze Chor einführen will. Ich nehme das letzte an. Sie geben Nachricht, wo sich das Kind befinde.)

Priester

In den tiefen Erdgewölben
Hier das Wasser, hier das Feuer,
Unerbittlich dann die Wächter,
Dann die wilden Ungeheuer
Zwischen Leben, zwischen Tod.
Halb entseelet,
Von Durst gequälet
Liegt der Knabe.
Hört sein Flehen!
Weh! ach, er verschmachtet schon.
Rettet! rettet euern Sohn.

Alle

Welche Stille, welches Grausen
Liegt auf einmal um uns her!
Welch ein dumpfes fernes Sausen!
Welch ein tiefbewegtes Brausen!
Wie der Sturm im fernen Meer.
Immer lauter aus der Ferne
Hör' ich alle Wetter drohen.
Welche Nacht bedeckt den goldnen
Heitern Himmel,
Und die Sterne
Schwinden schon vor meinem Blick.
(Unterirdisches Gewölbe. In der Mitte der Altar mit dem Kästchen, wie er versank. An zwei Pfeilern stehen gewaffnete Männer gelehnt und scheinen zu schlafen. Von ihnen gehen Ketten herab, woran die Löwen gefesselt sind, die am Altare liegen. Alles ist dunkel, das Kästchen ist transparent und beleuchtet die Szene.)

Chor

(unsichtbar).

Wir richten und bestrafen:
Der Wächter soll nicht schlafen;
Der Himmel glüht so rot.
Der Löwe soll nicht rasten,
Und öffnet sich der Kasten,
So sei der Knabe tot.
(Die Löwen richten sich auf und gehen an der Kette hin und her.)

Erster Wächter *(ohne sich zu bewegen).*
Bruder, wachst du?

Zweiter *(ohne sich zu bewegen).*
Ich höre.

Erster Sind wir allein?

Zweiter Wer weiß?

Erster Wird es Tag?

Zweiter Vielleicht, ja.

Erster Kommt die Nacht?

Zweiter Sie ist da.

Erster Die Zeit vergeht.

Zweiter Aber wie?

Erster Schlägt die Stunde wohl?

Zweiter Uns nie.

Zu Zweien Vergebens bemühet
Ihr euch da droben so viel.
Es rennt der Mensch, es fliehet

Vor ihm das bewegliche Ziel.
Er zieht und zerrt vergebens
Am Vorhang, der schwer auf des Lebens
Geheimnis, auf Tagen und Nächten ruht.
Vergebens strebt er in die Luft,
Vergebens dringt er in die tiefe Gruft.
Die Luft bleibt ihm finster,
Die Gruft wird ihm helle.
Doch wechselt das Helle
Mit Dunkel so schnelle.
Er steige herunter,
Er dringe hinan;
Er irret und irret
Von Wahne zu Wahn.
(Der hintre Vorhang öffnet sich. Dekoration des Wassers und Feuers wie in der «Zauberflöte». Links das Feuer, eine kleine freie Erhöhung, wenn man da durchgegangen ist, alsdann das Wasser, oben drüber ein gangbarer Felsen, aber ohne Tempel. Die ganze Dekoration muß so eingerichtet sein, daß es aussieht, als wenn man von dem Felsen nur durch das Feuer und das Wasser in die Gruft kommen könnte.)

Tamino *und* Pamina *(kommen mit Fackeln den Felsen herunter. Im Herabsteigen singen sie).*

Tamino

Meine Gattin, meine Teure,
O wie ist der Sohn zu retten;
Zwischen Wasser, zwischen Feuer,
Zwischen Graus und Ungeheuer
Ruhet unser höchster Schatz.
(Sie gehen durchs Feuer.)

Pamina

Einer Gattin, einer Mutter,
Die den Sohn zu retten eilet,
Macht das Wasser, macht das Feuer
In der Gruft das Ungeheuer,
Macht der strenge Wächter Platz.

(Indessen hat sich eine Wolke herabgezogen, so daß sie in der Mitte zwischen Wasser und Feuer schwebt. Die Wolke tut sich auf.)

Die Königin der Nacht	Was ist geschehen! Durch das Wasser, durch das Feuer, Drangen sie glücklich und verwegen. Auf, ihr Wächter! ihr Ungeheuer! Stellet mächtig euch entgegen Und bewahret mir den Schatz.
Die Wächter	*(richten ihre Speere gegen das Kästchen, doch so, daß sie davon entfernt bleiben. Die Löwen schließen sich aufmerksam an sie an. Die Stellungen sollten auf beiden Seiten symmetrisch sein).* Wir bewahren, wir bewachen Mit Speer und Löwenrachen, O Göttin, deinen Schatz.
Tamino *und* Pamina	*(hervorkommend).* O mein Gatte, mein Geliebter, Meine Gattin, meine Teure, Sieh, das Wasser, sieh, das Feuer Macht der Mutterliebe Platz. Ihr Wächter habt Erbarmen.
Königin	Ihr Wächter, kein Erbarmen! Behauptet euren Platz!
Tamino *und* Pamina	O weh! o weh uns Armen! Wer rettet unsern Schatz?
Königin	Sie dringen durch die Wachen, Der grimmige Löwenrachen Verschlinge gleich den Schatz! *(Die Wolke zieht weg. Stille.)*
Das Kind	*(im Kästchen).*

Die Stimme des Vaters,
Des Mütterchens Ton,
Es hört sie der Knabe
Und wachet auch schon.

Pamina *und* Tamino

O Seligkeit, den ersten Ton,
Das Lallen seines Sohns zu hören!
O laßt nicht Zauber uns betören.
Ihr Götter? welche Seligkeit
Beglückt uns schon!
O laßt uns ihn noch einmal hören,
Den süßen Ton.

Chor

(unsichtbar).
Nur ruhig! es schläfet
Der Knabe nicht mehr.
Er fürchtet die Löwen
Und Speere nicht sehr.
Ihn halten die Grüfte
Nicht lange mehr auf;
Er dringt in die Lüfte
Mit geistigem Lauf.
(Der Deckel des Kastens springt auf. Es steigt ein Genius hervor, der durch die Lichter, welche den Kasten transparent machten, ganz erleuchtet ist, wenn die Lichter so disponiert sind, daß die obere Hälfte der übrigen Figuren gleichfalls mit erleuchtet ist. In dem Augenblick treten die Wächter mit den Löwen dem Kasten näher und entfernen Tamino und Pamina.)

Genius

Hier bin ich, ihr Lieben!
Und bin ich nicht schön?
Wer wird sich betrüben,
Sein Söhnchen zu sehn.
In Nächten geboren,
Im herrlichen Haus,
Und wieder verloren
In Nächten und Graus.
Es drohen die Speere,

Die grimmigen Rachen,
Und drohten mir Heere,
Und drohten mir Drachen:
Sie haben doch alle
Dem Knaben nichts an.

(In dem Augenblick, als die Wächter nach dem Genius mit den Spießen stoßen, fliegt er davon.)

Einleitung

Es ist offensichtlich, daß Goethe vom ersten Moment an von Mozarts «Zauberflöte» nachhaltigst beeindruckt war; davon zeugt sowohl das als Motto dieser Betrachtung vorangestellte Wort an Eckermann: «... *dem Eingeweihten wird zugleich der hohe Sinn nicht entgehen ...»*, wie auch sein von uns in der Einleitung zitiertes Urteil: *«Es gehört mehr Bildung dazu, den Wert dieses Opernbuches zu erkennen, als ihn abzuleugnen.»* Als am 16. Januar 1794 die «Zauberflöte» neben Mozarts «Entführung aus dem Serail» und «Don Giovanni» in den Spielplan des Weimarer Hoftheaters aufgenommen wurde, gewann der Stoff des Mozart'schen Meisterwerkes das ganze Interesse des Dichters, so daß in ihm bereits 1795 der Gedanke einer Fortsetzung rege wurde. Schon am 24. Januar 1796 schrieb er an Paul Wranitzky, den als Komponist in Aussicht genommenen Wiener Musiker: *«Die Personen sind alle bekannt, die Schauspieler auf diese Charaktere geübt, und man kann ohne Übertreibung, da man das erste Stück schon vor sich hat, die Situationen und Verhältnisse steigern und einem solchen Stücke viel Leben und Interesse geben.»* Wie es Mozart um die Darstellung eines allgemein-menschlichen Ideengehaltes zu tun war, so waren es auch für Goethe die menschheitlichen Perspektiven und Problemstellungen, die ihn fesselten und bewegten, lagen sie doch ganz auf der Linie seiner eigenen Intentionen. Und nicht zuletzt mußte ihn das zeitlose esoterische Geistesgut im besonderen mit Mozarts Werk verbunden haben. Namentlich der Kampf des Bösen gegen das Gute, der Sieg des Lichtes über die Finsternis – Grundkriterien seines Faust-Dramas –, mögen in ihm den Willen erweckt haben, den Schlußversen der Mozart'schen «Zauberflöte» in einem zweiten Teil völlige Entfaltung und dauernde Verwirklichung zu verleihen.

«Es siegte die Stärke und krönet zum Lohn
Die Schönheit und Weisheit mit ewiger Kron!»

Weisheit, Schönheit und Stärke – die Tugenden des goldenen, silbernen und ehernen Königs in Goethes «Märchen»! Wie sollte sich der Dichter diesem Stoff nicht innigst verbunden fühlen?

Aus dieser Grundthematik, der Güte der Schöpfung volle Anschaulichkeit zu geben und den Sieg des Lichtes endgültig zu manifestieren, ergab es sich fast zwangsläufig, daß der Kampf der nächtlichen Königin gegen das Sonnenreich Sarastros noch einmal aufgegriffen werden mußte, zumal gerade diese Auseinandersetzung in Mozarts Oper zu Gunsten des Prüfungsweges Taminos und Paminas etwas in den Hintergrund getreten war. In dem von Goethe gedachten «zweiten Teil» sollte dieser Kampf zwischen den Mächten des Lichtes und der Finsternis in seiner vollen makrokosmischen Dimension offenbar werden, wobei es naheliegend war, daß sich dieser Götterstreit an der Frucht der Verbindung des «Männlichen» und «Weiblichen» entzünden würde: an dem Kinde Taminos und Paminas, dem kostbaren Kleinod ihrer reinen Liebe.

Allein Goethes Intentionen, eine echte deutsche Oper zu schaffen, in der erhabener Ernst und erquickender Humor sich zu märchenhafter Poesie vereinen sollten, fand keine Verwirklichung. Wranitzky lehnte die Komposition ab, und als Iffland 1798 das Werk für Berlin gewinnen wollte, 1802 die ersten 346 Verse in Friedrich Wilmans' Bremischem «Taschenbuch» erschienen, wagte kein anderer Komponist seine Kunst an Mozart zu erproben. Wer auch hätte die Kühnheit erweisen dürfen, sich mit Mozart auf diesem Felde zu messen? Haydn, der sich im Alter ganz der Oratorienkunst verschrieben hatte und bereits 1809 von dieser Erdenwelt schied, stand mit dem Dichter kaum in persönlichem Kontakt; Beethovens künstlerische Wege gingen wohl in eine andere Richtung, und der dritte Meister, der allein es hätte noch wagen dürfen, Goethes Dichtung in Musik zu setzen – Franz Schubert –, ihm verschloß das Schicksal, trotz aller Bemühungen, den Weg zu Goethe.

So blieb das begonnene Werk Fragment. Doch aus den schon 1795 vollendeten Teilen und den Inhalts-Skizzen über das noch Unausgeführte läßt sich erkennen, wie Goethe die *«Steigerung der Situationen und Verhältnisse»* gedacht hatte. Auch zeichnen sich darin gewisse Motive ab, die in seinen späteren Werken ihre volle Darstellung gefunden haben, wie etwa das Motiv des Kästchens in den «Wanderjahren» oder der zu himmlischen Höhen emporschwebende Genius des Kindes in der Euphorion-Gestalt des Faust-Dramas, die den tiefen Geistgehalt der geplanten Oper unschwer erleben lassen.

Es scheint uns daher gerechtfertigt, dieses Fragment im 150.Todesjahr Goethes unseren Erläuterungen über das unsterbliche Werk Mozarts folgen zu lassen und damit eine zu Unrecht vergessene Dichtung dem Leser wieder ins Bewußtsein zu rufen.

Die Macht des Bösen

Noch fühlen wir uns umtönt von jenem weihevollen Es-Dur-Hymnus, mit dem das Menschenpaar seine Vollendung errungen hatte – «Heil sei euch Geweihten!» –, wähnen das Ziel erreicht und den Widersacher überwunden, da setzt ein neuerlicher vehementer Ansturm der Dämonen ein. Der Glaube, die Auseinandersetzung mit dem Bösen sei zu Ende, nachdem der Mensch seine Ebenbildlichkeit mit dem Göttlichen bewiesen habe, hat nur relative Gültigkeit. Die Königin der Nacht – das gestürzte Mondenprinzip einer korrumpierten Weltenseele – hat zwar den Kampf um Tamino und Pamina verloren, aber die Auseinandersetzung des Guten mit dem Bösen, des allumfassenden Liebesprinzips mit Haß und Egoismus ist deshalb nicht zu Ende. Der Verlust Taminos und ihrer Tochter bedeutet für die sternflammende Königin wohl eine verlorene Schlacht, doch der Kampf geht weiter, wobei das Vertrauen auf ihre Macht keine leere Illusion zu sein scheint. Dies läßt uns zumindest der Beginn des zweiten Teiles vermuten.

Monostatos, den wir bereits ebenfalls als Repräsentant alter, dekadenter Mondenwirksamkeiten und Protagonisten des schwärzesten Egoismus erkannt haben, wird von Goethe zum Gemahl der Königin der Nacht bestimmt. Nicht mit der Tochter, wie ursprünglich versprochen, sondern mit der Herrscherin aller nächtlichen Finsternisse selbst soll er sich verbinden. Darin liegt höchste Weisheit. Denn durch diese Verbindung hat sich die dichterische Wirklichkeit ein Prinzip geschaffen, das dem Haß und der Selbstsucht stärkste Potenz verleiht. Eine Wirkenskraft, wie sie in der Evolution einst wesenhaft tätig war, als Erde und Mond noch einen Weltenkörper bildeten. Rudolf Steiner spricht davon als von der *«finstersten, schauervollsten Zeit für unsere Erde»*, in der alles, was edle Entwicklungsanlagen hatte, *«unter die Gewalt schlimmer, sehr schlimmer Kräfte gekommen war.» (1)*

«Und wenn wir erst dasjenige, was bei den einzelnen Mondwesen – von denen wir durchaus sprechen können – als Astralisches in Betracht kommt, hellsehend betrachten würden, so würden wir uns überzeugen können, daß gegenüber dem Schlimmsten, was auf unserer Erde an niederen Gefühlen vorhanden ist, daß

dem gegenüber unzählig Schlechteres und Minderwertigeres auf dem Monde ist. So dürfen wir also sowohl in bezug auf das Astralische, als auch auf das Ätherische, als auch auf das Physische des Mondes sprechen von Wesen, von Elementen, die ausgeschieden werden mußten, damit unsere Erde ihren Weg, frei von schädlichen Einflüssen gehen konnte.» (2)

Wir haben auf diese schädlichen Wirksamkeiten bereits in der Szene «Garten» des zweiten Aktes der Mozart-Oper verwiesen, als Monostatos versuchte, sich der schlafenden Pamina zu bemächtigen. Durch die geplante Verbindung mit der Königin der Nacht verdichtet sich diese Wirkenskraft gleichsam wieder zu jener Intensität, die sie einst besaß, ehe die Erde den Mond als Schlacke von sich ausgestoßen hatte. Und gleich die erste Szene – «Tag, Wald, Felsengrotte» – gibt uns Kunde von den unheilvollen Folgen dieser Verbindung. Monostatos und seine nicht minder «schwarzen» Gehilfen rühmen sich ihrer eben vollbrachten Un-Taten:

«Erhebet und preiset,
Gefährten, unser Glück!
Wir kommen im Triumphe
Zur Göttin zurück.»

Allerdings hatte ihr Frevel nicht ganz den angestrebten Erfolg gebracht; nur zur Hälfte, so müssen sie bekennen, wurde erfüllt, was ihnen der Rachedurst der nächtlichen Königin befohlen hatte:

«Wir wirkten verstohlen,
Wir schlichen hinan;
Doch was sie uns befohlen,
Halb ist es getan.»

Die beschwörenden Verse, mit denen Monostatos seine Herrin herbeiruft, sprechen einen zweifachen Sphärenbereich ihrer Herrschaft an, der uns unwillkürlich an die Mephisto-Gestalt gemahnen könnte:

«O Göttin! die du in den Grüften
Verschlossen mit dir selber wohnest,
Bald in den höchsten Himmelslüften,
Zum Trutz der stolzen Lichter, thronest,

O höre deinen Freund! hör' deinen künftigen Gatten!
Was hindert dich, allgegenwärtige Macht,
Was hält dich ab, o Königin der Nacht!
In diesem Augenblick uns hier zu überschatten!»

In den «Grüften» der Erde herrscht sie gleichermaßen wie in den «höchsten Himmelslüften». Ähnliches gilt auch für das luziferisch-ahrimanische Prinzip; auch dieses wirkt sowohl im Erdinnern wie *«im Übermaß der Herrschaft freier Luft» (Faust II, Vers 10092).* Wenn damit auch keine Gleichsetzung mit Mephistopheles ausgesprochen werden soll, so läßt sich daraus doch erkennen, daß die egoisierte luziferische Welt, wie sie uns die Königin der Nacht bei Mozart repräsentiert hat, durch diese enge Verbindung mit Monostatos bei Goethe eine gewisse Ahrimanisierung erfährt. Oder anders gesagt: wie Goethe hier das zweifache Prinzip des Bösen zusammenwirken läßt in seinem Kampf gegen das Sonnenreich Sarastros.

Unter Donnerschlag erscheint die Königin. Monostatos und die Mohren stürzen zu Boden, von undurchdringlichen Finsternissen eingehüllt. Aus dem Portal der Felsengrotte «entwickeln sich Wolken», die die Grotte schließlich zur Gänze verhüllen; die Stimme der Königin dringt durch den Nebelschleier:

«Wer ruft mich an?
Wer wagt's mit mir zu sprechen?
Wer diese Stille kühn zu unterbrechen?
Ich höre nichts – so bin ich denn allein!»
Die Welt verstummt um mich; so soll es sein!»

Die Totenstille, die sie umgibt, soll die ganze Welt umgreifen und die Erde zu einem Totenacker machen:

«Woget, ihr Wolken, hin,
Decket die Erde,
Daß es noch düsterer,
Finsterer werde!
Schrecken und Schauer,
Klagen und Trauer
Leise verhalle bang',

Ende den Nachtgesang
Schweigen und Tod!»

Das sind keine luziferischen Töne; hier spricht ein ahrimanischer Vernichtungswille, ein Prinzip, das alles Leben in Schweigen und Tod zwingen möchte. Die Grabesstille durchzittert Monostatos' und des Chores ängstliches Bekennen:

«Vor deinem Throne hier
Liegen und dienen –»

Ihre Knechte gewahrend, empfängt die Königin die heißersehnte Botschaft, daß sie gerächt sei. Der ganze Kosmos wird beschworen, um die Glut zu kühlen, in die sie die Stillung ihrer Rache versetzt:

«Schlängelt, ihr Blitze,
Mit wütendem Eilen,
Rastlos, die lastenden
Nächte zu teilen!
Strömet, Kometen,
Am Himmel hernieder!
Wandelnde Flammen,
Begegnet euch wieder,
Leuchtet der hohen
Befriedigten Wut!»

«Indem ein Nordlicht sich aus der Mitte verbreitet, steht die Königin wie in einer Glorie. In den Wolken kreuzen sich Kometen, Elmsfeuer und Lichtballen», ein kosmisches Kompositum sphärischer Lichterscheinungen und widersprechender Wirkenskräfte; der Blitz, der *«in die schwüle Finsternisregion der Gewitterwolkendecke»*, das Nordlicht dagegen hinaus *«in die kalte Sternennacht» (3)* weist; ersterer verbunden dem elektrischen, letzteres dem magnetischen Kräftebereich. Wobei die Elmsfeuer das elektrische Kraftfeld noch intensivieren. Blitz und Nordlicht stehen sich als Glut und Kälte ohne ausgleichende Mitte gegenüber.

Bedeutungsvoll ist für die geisteswissenschaftliche Erkenntnis auch die Erwähnung der Kometen, denn im *«kometarischen Dasein»* haben sich *«die Gesetzmäßigkeiten des alten Mondendaseins»* erhalten. *(4)* Durch sie werden jene Struktur-Relikte in unser jetziges Sonnensystem hereingetragen, *«so daß also nicht nur zurückgeblieben sind die luziferischen Wesen, sondern auch die Gesetzmäßigkeit der alten Mondensubstanz, die in unregelmäßiger Weise hineinwirkt in unser Sonnensystem.» (4)* Und gerade diese Unregelmäßigkeit der kometarischen Sphäre ist es, auf die jene zurückgebliebenen Mächte bauen, da sie hoffen, durch sie das Sonnensystem aus den Angeln heben zu können. Rudolf Steiner nannte diese Wesen in Anknüpfung an die Apokalypse, die «satanischen» Mächte.

Der «Hölle Rache», die im Herzen der Königin der Nacht als Haßgefühl «kocht», hat sich auf die Erden- und Sonnensphäre ausgeweitet und schickt sich an, einen vernichtenden Weltenkampf gegen alles Lebendige, gegen Licht und Liebe zu führen. Die Ballungen von Blitzen, Kometen, Elmsfeuer und Nordlichtern können uns erneut an Mephisto und seine Manipulationen im vierten Akt des Faust-Dramas erinnern, wenn er die Kraft ungebändigter Elemente aufruft und sie dem Kriegsgeschehen einbezieht. Der Haß-Furor der nächtlichen Königin aber geht weit über diese Elementenwelt hinaus:

«Siehe! Kometen
Sie steigen hernieder,
Wandelnde Flammen
Begegnen sich wieder,
Und von den Polen
Erhebt sich die Glut.»

Ungeheure kosmische Leidenschaftskräfte werden zur Erde geworfen, formen sich zu «geheimem», doch «grausenhaftem Effekt». Die Harmonie von Pol und Äquator, ihr gegenteiliger Kräfteaustausch soll vernichtet, die Sonne als das «Weltenherz» unseres Sphärenraumes zerstört werden:

«In solcher feierlichen Pracht
Wirst du nun bald der ganzen Welt erscheinen;
Ins Reich der Sonne wirket deine Macht.»

Man könnte vielleicht erstaunt sein, daß Goethe, der sonst so zurückhaltend in seinen Aussagen war, der – wie aus dem Briefwechsel mit

Schiller zu entnehmen ist – geradezu einen «Tick» hatte, alles zu verschlüsseln und zu verschleiern, hier in so direkter Weise die Macht des Bösen aufzeigt. Der Märchencharakter und das Pathos der Oper dürften dabei wohl eine entscheidende Rolle gespielt haben. Gibt das Märchen doch die Möglichkeit ab, alles direkt auszusprechen.

In Mozarts Oper sollte Sarastro ermordet werden; nun dehnt sich der Ansturm der Nacht-Dämonen auf die gesamte Schöpfung aus, um Erde und Sonne aus ihrer vorgeschriebenen Bahn zu werfen. Und auch jetzt ist der Mensch dafür der unabdingbare Ansatzpunkt.

«Pamina und Tamino weinen;
Ihr höchstes Glück ruht in des Grabes Nacht.»

Der Sohn des Fürstenpaares sollte geraubt und der Königin der Nacht überbracht werden, eingekerkert in einem goldenen Sarg, dem Finsternis entströmt und der für Augenblicke alles Lebendige lähmt und mit Todesstarre umhüllt. Wir müssen uns bewußt sein, daß der «Sohn» des königlichen Paares die «Frucht» jenes Weges bedeutet, der Pamina und Tamino ihre göttliche Ebenbildschaft verwirklichen ließ. Mit dem «Raub» des Kindes wäre daher zunichte gemacht, was durch leidvolle Prüfungen und Todesgefahren errungen worden war. Welche Pervertierung zum Beginn des ersten Teiles! Dort mußte Pamina aus der mütterlichen Sphäre durch Sarastro entfernt werden, zu ihrem und zum Wohl der Menschheit. Der Raub dagegen, der jetzt ausgedacht wurde, soll die Vernichtung von Sarastros Werk einleiten.

Rachegierig heischt die Königin daher nach Bestätigung der befohlenen Tat: «Ihr neugeborner Sohn, ist er in meinen Händen?» Doch da muß sie erfahren, daß der Racheplan nicht ganz so gelungen ist, wie er ausgedacht war:

«Noch nicht; doch werden wir's vollenden,
Ich les' es in der Sterne wilder Schlacht.»

Monostatos sucht den Zorn seiner Gebieterin zu beschwichtigen. Wenn das Kind auch noch nicht in ihrer Gewalt ist, so kann sich Haß und Schadenfreude doch mit Genugtuung an dem Vollbrachten weiden, denn: «In Jammer haben wir das Königshaus verlassen.» Was will Monostatos damit sagen?

Für Taminos und Paminas Liebe schien der schönste, segensreichste Tag angebrochen zu sein:

«Die süße Hoffnung nahte schon,
Versprach, der Gattentreue Lohn,
Den lang' erflehten, ersten Sohn.»

Schon wanden die Mädchen die «blumenreichsten Kränze», neue Kleider wurden für «Opferzug und Tänze» vorbereitet, und der Frauen «kluger Eifer» wachte «mütterlich» über Pamina, der nunmehrigen Königin.

«Unsichtbar schlichen wir durch den Palast umher –
Da rief's: Ein Sohn! ein Sohn! Wir öffnen ungesäumt
Den goldnen Sarg, den du uns übergeben,
Die Finsternis entströmt, umhüllet alles Leben,
Ein jeder tappt und schwankt und träumt.»

Pamina hat den Anblick ihres Neugeborenen noch nicht genossen, und auch der Vater «sah noch nicht das holde Kind», als es Monostatos eilig mit «Feuerhand» – ein Bild für seine haßerfüllte Leidenschaft – ergriff und in jenen goldenen Sarg verschloß.

«Und immer finstrer wird die Nacht,
In der wir ganz allein mit Tigeraugen sehen;
Doch ach! da muß, ich weiß nicht, welche Macht,
Mit strenger Kraft uns widerstehen.
Der goldne Sarg wird schwer – »

Der für den Kindheitsgenius gedachte Totenschrein wird schwerer und schwerer, die Frevler können ihr Werk nicht vollenden, denn die Schwere zieht sie selbst zu Boden.

«Dort bleibt er fest und läßt sich nicht bewegen.
Gewiß! es wirkt Sarastro's Zaubersegen.»

In Furcht, selbst diesem geheimnisvollen Bann zu erliegen, blieb den heimtückischen Räubern nur die Flucht. Schon will die «Sternflammende» den Fluch des Zornes über ihre feigen Knechte schleudern, da weiß Monostatos durch eine weitere Freveltat ihre ärgste Wut zu hemmen:

Chor: «Halt' ein den Zorn, o Königin!

Monostatos: Mit unverwandtem, klugem Sinn
Drück' ich dein Siegel schnell, das niemand lösen kann,
Aufs goldne Grab und sperre so den Knaben
Auf ewig ein.
So mögen sie den starren Liebling haben!
Da mag er ihre Sorge sein!
Dort steht die tote Last; der Tag erscheinet bange,
Wir ziehen fort mit drohendem Gesange.»

Doch noch weitere Folgen knüpfen sich an Monostatos' Untat. Sähe die Mutter je ihren Sohn, würde dies auf der Stelle seinen Tod bedeuten:

«Sähe die Mutter je,
Säh' sie den Sohn;
Risse die Parze gleich
Schnell ihn davon.»

Und Gleiches würde eintreten, wenn der Vater sein Kind erblickte. Was hat sich nun mit all dem vollzogen; welcher Geistgehalt spricht aus diesen Bildern und Geschehnissen?

Fassen wir zunächst die monostatische Untat in den wesentlichsten Punkten zusammen. Ihren Kern bildet der «goldene Sarg», dem Finsternis entströmt, die das Bewußtsein der Menschen trübt, während die Frevler ihre Schwärze mit «Tigeraugen» zu durchdringen vermögen. Dem Sarg wurde außerdem das Siegel der nächtlichen Königin aufgeprägt, das den sofortigen Tod des Knaben zur Folge hätte, würden ihn die Eltern erblicken. Die Eltern, die ihr Kind noch gar nicht erschaut haben, wären überdies dem Wahnsinn preisgegeben, sobald sie sich begegneten:

«Selbst in den heiligen Bezirken
Hat noch dein Haß, dein Fluch hat seine Kraft.
Wenn sich die Gatten sehn, soll Wahnsinn sie berücken.»

Was hat dies alles zu bedeuten? In nicht weniger als in vier seiner großen Dichtungen – in der «Natürlichen Tochter», den «Wahlverwandtschaften», der «Pandora» und den «Wanderjahren» – bringt Goethe das Bild eines geheimnisvollen Gold- oder Schmuckkästchens, eines Köfferchens, Koffers oder einer Büchse, die für die Handlung und die betroffene Person eine folgenschwere, entscheidende und meist tragische Rolle spielen. Auch in unserem Falle wird der «Sarg» in den späteren Szenen als «Kästchen», mitunter auch als «Kasten» bezeichnet werden.

Die wichtigste Eigenschaft dieser Kästchen, Büchsen oder Schreine ist das «Geheimnis», das der Dichter um sie flicht. In den «Wanderjahren» lastet dieses Geheimnis auf Felix, der aus den Höhlen und Grüften des «Riesenschlosses», das wie Gold erscheinende «Kästchen» herausholt, als Gefühl der Schuld, wie wenn höhere Mächte es von ihm zurückfordern wollten.

«Felix aber, besonders unruhig, sehnte sich von dem Orte weg, wo der Schatz irdischer oder unterirdischer Wiederforderung ausgesetzt schien. Die Säulen kamen ihm schwärzer, die Höhlen tiefer vor. Ein Geheimnis war ihm aufgeladen, ein Besitz, rechtmäßig oder unrechtmäßig? sicher oder unsicher? Die Ungeduld trieb ihn von der Stelle, er glaubte die Sorge los zu werden, wenn er den Platz veränderte.» (I. Buch, 4. Kapitel)

Geheimnisumwittert ist auch der Schlüssel zu diesem Kästchen, den Hersilie findet, der Felix in Leidenschaft zugetan ist. Voll Ungeduld wartet sie auf Wilhelms und seines Sohnes Rückkehr, um das Kästchen öffnen zu können. Aber durch Felix' leidenschaftliches Ungestüm – er will Hersilie beim Öffnen der Schatulle gleichzeitig küssen –, zerbricht der Schlüssel; später jedoch zeigt sich, daß sich beide Schlüsselteile wie Magneteisen anziehen und vereinigen. Allerdings sind sie nur dem *«Eingeweihten»* dienlich, der das Kästchen *«in einiger Entfernung»* aufspringen läßt, um es jedoch gleich wieder zu verschließen: *«An solche Geheimnisse sei nicht gut rühren, meinte er». (3. Buch, 17. Kapitel)* In diesem Falle birgt das Kästchen zweifellos die Schicksalsgeheimnisse der beiden Liebenden, an die auch der Roman nicht zu rühren wagt und sie im Unoffenbaren beläßt.

Ähnlich wie in den «Wanderjahren» ist es auch «Eugenie» in der «Natürlichen Tochter» verboten, die große *«Schmuckkiste»* zu öffnen, an die *«unwiderruflich»* ihr *«Schicksal»* gebunden ist. Die übereilte, leidenschaftliche Öffnung wird auch ihr zum Verhängnis. Immer verbindet sich ein Motiv des Unglücks und Verhängnisses, wie das eines esoterischen

Geheimnisses mit dem Kästchensymbol, das bis zum Schluß verborgen bleibt. Hier handelt es sich um ein Ergriffenwerden von den Kräften der Sinneswelt, ein Hereingezogen-Werden in ein zwiespältiges Schicksal, an dem die Entzweiung von Geist und Stoff erlebbar wird. Ähnliches gilt auch von dem «Köfferchen» Ottiliens in den «Wahlverwandtschaften».

Wieder in anderer Bedeutung bezieht Goethe dieses Symbol auf sein eigenes Leben. In seiner «Reise in die Schweiz» schreibt er am 19. April 1797.

«Für einen Reisenden geziemt sich ein skeptischer Realism; was noch idealistisch an mir ist, wird in einem Schatullchen, wohlverschlossen, mitgeführt wie jenes undinische Pygmäenweibchen. Sie werden also von dieser Seite Geduld mit mir haben.» (5) Es ist ein Bekenntnis des Dichters, das seiner Neigung Ausdruck verleiht, alles Höhere, Ideale gleichnishaft keusch zu verschließen, um es vor dem rohen Zugriff einer plumpen Welt zu schützen. Das «undinische Pygmäenweibchen», von dem Goethe spricht, ist die «Neue Melusine», deren geheimnisvolle Geschichte ebenfalls als Novelle in die «Wanderjahre» aufgenommen wurde. Sie ist für unsere Betrachtung besonders aufschlußreich.

Der Erzähler des Märchens, der gleichzeitig der Held der Geschichte ist, lernt in einem Gasthof eine Unbekannte von bezaubernder Schönheit kennen, die ihn sogleich mit glühender Liebe erfüllt. Die Unbekannte, der er sich auf der Stelle zu Diensten anbietet, bittet ihn, da sie sich einige Tage an dem hiesigen Ort aufhalten müsse, statt ihrer die Reise mit dem Kästchen fortzusetzen, das sie immer bei sich führe. Doch müsse er stets ein gesondertes Zimmer für das Kästchen mieten. Während einer Fahrt entdeckt er eine Ritze in dem geheimnisvollen Kästchen, durch die es ihm hell entgegenschimmert. Er blickt hinein und gewahrt ein Wohngemach mit einem ganzen Zwergenvolk. Auch seine schöne Unbekannte ist darunter.

Das Märchen läßt uns die «Schöne» somit in zweifacher Weise erblicken: als Zwergin und als ein menschliches Wesen. Welche Bedeutung kommt dabei dem Kästchen zu? Es zeigt uns eine kleine, aber vollständige Welt; Rudolf Steiner deutet dieses Kästchen als Bild der menschlichen Seele. Der Mensch ist ein Mikrokosmos, eine kleine Welt in der großen.

«Könnten wir hineinsehen in die menschliche Seele, so würden wir den geistigen Funken, der in ferner Vergangenheit in dem nur mit dumpfem Traumbewußtsein begabten Menschen entzündet wurde, entdecken mit dem Keim der zu-

künftigen Stufen. Vorausgegangen allen physischen Zuständen ist dieser geistige Funke, der in der menschlichen Seele glimmt. Gegenüber der künftigen Größe, der Vollendung des Menschen ist das, was heute in ihm lebt, nur Same, nur Zwerghaftes.» (6)

Diese, auf das Märchen von der «Neuen Melusine» abzielende Deutung, bringt auch Licht in unser Geschehen. Denn zweifellos handelt es sich bei dem Kinde von Pamina und Tamino ebenfalls um den «Geistkeim» eines zukünftigen Menschentums, das seine göttliche Ebenbildlichkeit erst voll zur Entfaltung wird bringen können.

Nun könnte man dem allerdings entgegenhalten, daß diese Ebenbildlichkeit durch Tamino und Pamina ja bereits verwirklicht worden sei. Als sich die Tempeltore für das Menschenpaar öffneten, der drei-einige Akkord von «Weisheit», «Schönheit» und «Stärke» in dem weihevollen Es-Dur am Ende von Mozarts Oper zum Erklingen kam, war eine neue Stufe auf dem Wege zum Licht im Menschheitswerden errungen. Auf dieser Stufe wurde das Kind geboren, d.h. der Keim für eine neue Entwicklung, die ihren Ausgangspunkt nicht mehr von der Begegnung mit der eigenen, ins Drachenhafte verzerrten Wesens-Natur nehmen muß, sondern eben von jener drei-einigen Harmonie, durch die «Sterbliche den Göttern gleichen». Dagegen aber stürmen die widergöttlichen Mächte mit allen Mitteln an. Sie wollen verhindern, daß in reale Sichtbarkeit tritt, was Tamino und Pamina ideell vollzogen haben. Deshalb die Sucht der Königin, das Kästchen bzw. den Sarg zu rauben, um ihn in der eigenen Sphäre halten zu können. Wie sie dereinst Pamina für sich behalten wollte, so soll nun auch der «Geistkeim» des durch Tamino und Pamina zur Geburt gebrachten neuen Menschseins von ihr inspiriert und nach ihren Intentionen aufgezogen werden. Damit aber wäre nicht nur Sarastros großes Erziehungswerk zunichte gemacht, wären nicht nur Tamino und Pamina um die Frucht ihres schweren und leidvollen Mühens und Ringens gebracht, sondern Erde und Menschheit wären überhaupt aus der Bahn ihrer rechtmäßigen Entwicklung geworfen. Denn diesen, von den Göttern gewollten Weg aufzuzeigen war ja Sarastros Aufgabe und Mission.

Nun birgt diese Feveltat der Gegenmächte allerdings einige Fragen in sich, die es zu beantworten gilt, wollen wir die Geheimnisse des Dramas wirklich verstehen. Die erste Frage betrifft zweifellos das «Kästchen» bzw. den «goldenen Sarg». Welche Bedeutung kommt ihm in der «Zauberflöte» Goethes zu? Wir erinnern uns, wie sich Monostatos brüstete, das eben Geborene in den Sarg gesperrt zu haben, noch ehe Vater und Mutter seiner ansichtig wurden. Wir können daher sagen: was das Elternpaar von dem Neugeborenen als physische Leibeshülle zu sehen bekam, ist der «goldene Sarg». Das geheimnisvolle «Kästchen» erhält in der Bildsymbolik der «Zauberflöte» die Bedeutung des physischen Leibes, der sich jedoch ganz in der Gewalt todbringender, dämonischer Mondenkräfte befindet. Allein die Tatsache, daß es ein «goldener» Sarg ist, weist auf seinen sonnenhaften Ursprung. In seinen naturwissenschaftlichen Schriften spricht Goethe von dieser Verbundenheit unserer irdischen Leibeshülle mit dem Geistbereich:

«In jedem lebendigen Wesen sind das, was wir Teile nennen, dergestalt unzertrennlich vom Ganzen, daß sie nur in und mit demselben begriffen werden können ... und so nimmt ... ein eingeschränktes lebendiges Wesen teil an der Unendlichkeit, oder vielmehr, es hat etwas Unendliches in sich ...» (7)

«Eingeschränkt» ist das Wesen, das die «Unendlichkeit» in sich trägt, wenn es herabgestiegen ist in die irdische Hülle seiner physischen Leiblichkeit. Im «Leibe», dem irdischen «Kästchen», verwirklichen sich «Seele» und «Geist». Das Leibesgefüge ist daher in Wahrheit ein Geistgefüge; daher die «Gold-Substanz» dieses «Kästchens».

Eine weitere Frage, die uns nunmehr bedrängt, ist die nach der Herkunft des Kästchens. Wie konnte dieser kostbare Schrein überhaupt in den Besitz der nächtlichen Königin gelangen? Besinnen wir uns, daß Tamino auch die «goldene Flöte» im Mondenbereich der Königin empfangen hatte, daß sie aber von Paminas Vater, den wir als hohen Sonnen-Eingeweihten erkannten, in einer entscheidenden Weltenstunde geschaffen wurde. Und Tamino hatte selbst in sich die Sonnenkräfte seines Ich wachzurufen begonnen. Der Ort aber, wo das Erwachen unseres unvergänglichen Wesenskernes sich vollzieht, ist die Seele, der Astralbereich der Königin der Nacht.

Ein Ähnliches, wenn auch unter anderer Perspektive zu schauen, gilt für das gegenwärtige Geschehen. Alles Geboren-Werden, soweit wir darin das Eintauchen in den elterlichen Erbstrom erkennen, steht unter der Wirksamkeit der Mondenkräfte. Und die ersten sieben Jahre des Kindes, in denen sich vorzugsweise der physische Leib ausgestaltet, unterliegen – etwa bis zum Zahnwechsel – in besonderer Unmittelbarkeit dieser Sphäre. So gesehen, stünde das «goldene Kästchen» als Symbol der physischen Leiblichkeit im rechtmäßigen Besitz der Königin. Was ihr jedoch für eine bestimmte Entwicklungsstufe rechtmäßig zusteht, will sie unrechtmäßigerweise für sich behalten und mißbrauchen. Denn mit dem siebenten Lebensjahr werden die Sonnenkräfte wirksam, und es beginnt sich jene Wesensschicht zu eigener Selbständigkeit auszugestalten, die wir die «anima vegetabilis» oder den Ätherleib nennen. Mit dem Zahnwechsel etwa beginnt sich diese ätherische Wesensschicht aus der gleichartigen Mutterhülle zu lösen und wird «frei». Wieder, wie einst bei der eigenen Tochter, überschreitet die Königin der Nacht den ihr gesetzten Kompetenzbereich, will sich nicht in den Dienst des von den Göttern gewollten Evolutionsverlaufes stellen, sondern den eben geborenen «Geistkeim» eines neuen Menschentums für sich, in ihrer Sphäre behalten und ihn dadurch aus seiner rechtmäßigen Entwicklungsbahn auf Erden reißen. Durch dieses egoistische Machtstreben wird das «Kästchen» zum «Sarg», zu einem mit verhärtenden Mondenkräften verbundenen Todesschrein, der dem Geistkeim des Menschen jegliche Möglichkeit einer Entfaltung nehmen soll. Die «Finsternis», die dem Sarg entströmt, und das Siegel, das niemand lösen kann, sind dafür beredte Zeugnisse.

Doch ihr rache-durstiges Vorhaben erreicht nicht das begehrte Ziel. Eine unsichtbare Macht verhindert ihre Knechte, den «goldenen Schrein» zu entführen. Knirschend muß Monostatos bekennen:

«Der goldne Sarg wird schwer – ...
Wird schwerer, immer mehr und mehr!
Wir können nicht das Werk vollenden.»

Der Sarg zieht sie «an den Boden hin» und bleibt dort fest und unbeweglich: «Gewiß! es wirkt Sarastro's Zaubersegen.»

Wieder erheben sich Fragen und drohen zu unseren bisherigen Überlegungen Widersprüchlichkeit heraufzubeschwören. Denn wie kann es sein, daß Monostatos an der «Schwere» dieses Sarges kapitulieren muß? Haben wir ihn doch als das völlig verhärtete Mondenprinzip erkannt. Die Schwerkraft des Irdischen kann einem der ahrimanischen Sphäre angehörenden Wesen doch nichts Fremdes, Ungewohntes sein. Sind es doch gerade jene Wesen, die den Boden dieser Erde «gehärtet» und ihm Masse, Gewicht, Erstarrung – Tod verliehen haben. Wie sollten daher Schwerekräfte für Monostatos ein Unüberwindliches bedeuten?

Die Antwort ist wohl in Sarastros «Zaubersegen» zu suchen. Er ist es ja, der durch seine «weiße Magie» dem Kästchen diese Schwere verlieh, die aber, wie wir ebenfalls aus Monostatos' Munde erfahren, sofort wieder aufgehoben ward, da die Diebe aus Angst, sie würden selbst in diesen «Bann» geraten, das Weite gesucht hatten.

«Zwar weiß ich, als wir uns entfernt,
Ist federleicht der Sarkophag geworden.»

Es muß sich zweifellos um eine andere «Schwere» handeln als um jene «Gravitation» und physikalische Schwerkraft der Masse, wie sie der ahrimanischen Macht vertraut ist. Die «Schwere» besteht ja darin, daß die Räuber den Sarg nicht mehr von der Stelle bringen können, daß sie ihn nicht aus dem Bereich zu entfernen vermögen, in dem das Kind geboren wurde. Und dieser Bereich ist die Erde, umtönt von dem durch das Elternpaar errungenen «Es-Dur». Wir haben daher die rechtmäßigen Erdenkräfte wohl zu unterscheiden von den Wirksamkeiten mondenhafter Materie. Die Mondensubstanz birgt Kräfte in sich, die die Erde *«noch weiter hinausführen würden über den Zustand der Verhärtung» (8),* in einen der völligen *«Zerklüftung»* und letztlich *«Zerstäubung» (8)*. Eine Überpotenzierung der Verhärtung also, die absoluten Tod bedeuten würde, in der auch nicht das zarteste Fünkchen Leben möglich wäre.

Die «Schwere» dagegen, die Sarastro über den Sarg gebreitet hat, fließt aus einem ganz anderen Bereich. Ein Evangelien-Wort kann uns den Weg dorthin weisen: *«Der mein Brot isset, der tritt mich mit Füßen». (Joh. XIII.,18)* Dieses Christus-Wort zielt auf den Verrat des Judas ab, doch darf es auch - losgelöst von diesem Bezug – in objektiver Wörtlichkeit verstanden werden:

«Der Mensch ißt das Brot der Erde und wandelt mit seinen Füßen hier auf dieser Erde herum. Ist die Erde der Leib des Erdengeistes, das heißt des Christus, dann ist der Mensch derjenige, der mit den Füßen herumwandelt auf dem Erdenleib, der also den Leib dessen, dessen Brot er ißt, mit Füßen tritt.» (9)

Sarastros «Schwere» ist die Schwere jener Erde, die durch Golgatha zum Leib Christi wurde; vor ihr fliehen die Dämonen, um nicht in ihren Bann zu geraten. Und Monostatos ist dieser «rechtmäßigen», von der «Liebe» und «Opferkraft» durchdrungenen «Schwere» der Erde gegenüber machtlos.

Und wenn der Mohr gesteht, daß der Sarg gleich wieder seine «Leichte» erhalten hätte, und wir von dem Rat Sarastros hören, ihn in ständiger Bewegung zu halten, dann offenbart sich Sarastros «Zaubersegen» wohl in voller Klarheit:

«So wandelt fort und stehet niemals stille,
Das ist der weisen Männer Wille,
Vertraut auf sie, gehorchet blind!
So lang' ihr wandelt, lebt das Kind.»

Wie der physische Leib des Neugeborenen noch umschwebt wird von der mütterlichen Ätheraura, so müssen wir uns auch das «goldene Kästchen» – Sinnbild der physischen Leiblichkeit – umschwebt und getragen denken von sonnenhaften Lebenskräften. Deshalb auch sein Rat an die Dienerschaft, mit dem Kästchen herumzuwandeln und es in dauernder Bewegung zu halten. Darin symbolisieren sich in ähnlicher Weise die Ätherkräfte, wie dies auch in den Wirkungen von Papagenos Glokkenspiel im ersten Teil zu Tage trat; immer wird die Grundtendenz des Ätherleibes daran ersichtlich: teilzunehmen an der Bewegung der Gestirne um die Sonne.

So wurde der Schrein denn auch zu Sarastros «brüderlichem Orden» gebracht, «der, still in sich gekehrt, die Weisheit lehrt und lernt». Der «Knecht» der nächtlichen Königin aber wird «aufs neue mit List und Kraft» zu Werke gehen müssen, um den «halben Sieg» zum vollen Triumph seiner Herrin zu wandeln.

Die angeführten Aspekte zusammenfassend, ließe sich das Bildgeschehen dahin interpretieren, daß dem Schrein durch Sarastros «Magie» die Sonnenkräfte wiedergegeben wurden und der «Sarg» dadurch zum «Kästchen» erstanden ist, wie er im Folgenden auch immer bezeichnet wird. Allerdings das finstere Siegel konnte auch Sarastro nicht lösen, was bedeutet, daß sich das Heranwachsen des Kindes, die Entfaltung des Seelisch-Geistigen, im «Unoffenbaren», verborgen den Augen der Welt, vollziehen muß.

«Ach, armes eingeschloßnes Kind,
Wie wird es dir ergehen!
Dich darf die gute Mutter nicht,
Der Vater dich nicht sehen.»

Die Klage der Eltern –
Das Opfer als die Macht des Guten

Mag das volle Eintauchen der Entelechie in den väterlich-mütterlichen Erbstrom vorerst auch unterbunden sein, Sarastros «Zaubersegen» hat jedenfalls bewirkt, daß das Kind lebt. Der ängstlichen Frage Taminos: «O sagt mir, lebt noch mein verschloßnes Glück?», antworten die getreuen Dienerinnen:

«Wenn mit betrübten Sinnen
Wir wallen und wir lauschen,
So hören wir da drinnen
Gar wunderlich es rauschen.
Wir fühlen was sich regen,
Wir sehn den Sarg sich bewegen,
Wir horchen und wir schweigen
Auf diese guten Zeichen.
Und nachts, wenn jeder Ton verhallt,
So hören wir ein Kind, das lallt.»

Schon einmal auf seinem Prüfungsweg stand Tamino vor derselben bangen Frage: «Ihr Unsichtbaren, saget mir, lebt denn Pamina noch?» Und auch damals wurde ihm, dem der Eintritt in den Tempel Sarastros noch verwehrt war, die hoffnungsfrohe Antwort zuteil: «Pamina lebet noch!» Jetzt bangt er um das Leben seines Sohnes, und wieder ist ihm der Zutritt verwehrt. Aber auch die Mächte der Dämonen können an den in der Äthersphäre eingehüllten Geistkeim des Kindes nicht heran. Durch Sarastro ist der Sarg wieder zum «goldenen Kästchen» geworden, in das die Kräfte des Lebensbaumes als Paradieses-Nahrung einstrahlen können. Tamino fleht um dieses Himmels-Manna:

«Ihr Götter! schützet es auf wunderbare Weise!
Erquickt's mit eurem Trank! nährt es mit eurer Speise!
Und ihr beweis't mir eure Treue,
Bewegt euch immer fort und fort!

Bald rettet uns mit heil'ger Weihe
Sarastro's lösend Götterwort.»

So ist – vom Geiste her gesehen – das Kind bewahrt vor dem Zugriff des Bösen. Doch bleibt es in diesem Zustand ein noch nicht «Offenbares». Von der Erde her betrachtet, herrscht Zwiespalt und Trennung.

«Dich darf die gute Mutter nicht,
Der Vater dich nicht sehen.»

Aber nicht nur der Strom von den Eltern zum Kind ist unterbrochen, auch das Elternpaar selbst steht, jedes auf sich gestellt, in Einsamkeit:

«Und schmerzlich sind die Gatten selbst geschieden,
Nicht Herz an Herz ist ihnen Trost gegönnt.
Dort wandelt er, dort weinet sie getrennt;
Sarastro nur verschafft dem Hause Frieden.»

Dem Leben geschenkt und doch nicht im Leben verwirklicht ist dieser Sohn.

«Dämmernd nahte schon der Tag
In Aurorens Purpur-Schöne.
Ach! ein grauser Donnerschlag
Hüllt in Nacht die Freudenszene.
Und was mir das Schicksal gab,
Deckt so früh ein goldnes Grab.

So klagt Tamino um die Gabe der Liebe, die ihm das Schicksal in die Hände, der Mutter ans Herz zu legen sich schon anschickte und die ihm der «Donnerschlag» eines unerklärlichen, undurchschaubaren Waltens entriß. Wie konnte dies nur geschehen? Wie läßt sich dieser Sieg des Bösen überhaupt begreifen? Und wie ist die Trennung zu verstehen, die dem Elternpaar auferlegt wird? Würden sie sich begegnen, müßten sie in Wahnsinn verfallen. Zwar ist auch dieses Übel durch Sarastro gemildert, indem sie sich auf seinen Rat hin meiden: «Dort wandelt er, dort weinet sie getrennt»; aber die Trennung bleibt. Vater – Mutter – Sohn! So lautete die alte Trinität. Diese Drei-Einheit scheint zerschlagen. Trotzdem! Das Kind lebt und ist auch im bitteren Schmerz von Liebe getragen.

«Ach, es lebt, es wird geliebt,
Bis es Liebe wieder gibt.»

Hat auch der Fluch des Hasses vorerst noch seine Kraft, so steht unverrückt die Hoffnung, daß die Liebe letztlich siegen wird:

«Und befreiet und gerettet,
An der Mutter Brust gebettet,
Lieg' es bald ein Engel da.»

Dennoch bleibt die Frage nach dem «Warum» dieser Pein. Haben Tamino und Pamina nicht bewiesen, daß «Sterbliche» den «Göttern gleichen», als sie den Prüfungsweg bestanden und ihre göttliche Ebenbildschaft verwirklicht hatten? Ihre Seelen sind erwacht für die Sonnen- und Mondengeheimnisse, die Mysterien der Isis und des Osiris haben sich ihnen erschlossen. Woran noch kann es fehlen? Man denkt dabei unwillkürlich an den Prüfungsweg «Parsifals», der auch «bestanden» hat, seiner Mission treu geblieben ist und dem Sinneszauber des Klingsor-Gartens nicht erlag; aber auch er konnte die Früchte seines Sieges nicht ernten, konnte den Weg zur Gralsburg erst nach langer Irrfahrt wieder finden. Ist dieser Weg der Prüfung und Läuterung nie zu Ende? Es wird wohl so sein, da sich mit jedem Sieg des Höheren über das Niedere die Ebene ändert, auf die sich das ringende Wesen gestellt sieht.

Man übersehe dabei aber nicht die Unterschiedlichkeit des Goetheschen Entwurfes zum Opern-Geschehen bei Mozart. Dort war es ein Ringen des unvollkommenen Menschen um seine göttliche Ebenbildschaft; Goethe hebt diesen Prüfungs- und Läuterungsweg ins Kosmische empor. In seiner Dichtung geht es nicht mehr allein um den Entwicklungsweg eines Menschenpaares und dessen Opfermut. Die Sonnenweisheit Sarastros selbst muß Opfer bringen, um den Sieg der finsteren Mächte abzufangen und auszugleichen. Denn mit der Zulassung des Widergöttlichen ist dieser Macht keine Grenze gesetzt, ihrem Wirken vielmehr freier Raum gewährt. Die Taten des Bösen können nicht einfach rückgängig gemacht oder aufgehoben werden, sie sind vielmehr allein durch Gegentaten des Guten zu paralysieren; nur so ist es möglich, ihre

Wirkungen unschädlich zu machen und die Entwicklung wieder in die richtige Bahn zu lenken. Die Bruderschaft Sarastros ist bei Goethe daher auch nicht mehr bloß Ziel einer Entwicklung, sondern selbst Weg zu einem noch höheren Ziel. Und der Mensch ist aufgerufen, mit den Göttern gemeinsam diesem Ziele zuzustreben, den Weg zu beschreiten und ihn zu durchleiden.

Liegt die Antwort auf das «Warum» vielleicht gar nicht in einem Versagen des Menschen, sondern resultiert aus dem noch durchaus unentschiedenen Kampf der Finsternis gegen das Licht? Wir lassen diese Frage unbeantwortet, in der Hoffnung, die Dichtung selbst wird uns die Lösung bringen.

Der Tempel und die Priesterschaft Sarastros

«Schauen kann der Mann und wählen!
Doch was hilft ihm oft die Wahl?
Kluge schwanken, Weise fehlen,
Doppelt ist dann ihre Qual.
Recht zu handeln,
Grad' zu wandeln,
Sei des edlen Mannes Wahl!
Soll er leiden,
Nicht entscheiden,
Spreche Zufall auch einmal.»

Bei Mozart wurde Sarastro noch als der «göttliche Weise» gepriesen, dem damit indirekt auch Unfehlbarkeit in seinen Ratschlüssen zugestanden wurde. Jetzt heißt es, daß «Kluge schwanken» und «Weise» auch «fehlen» können. Von «Unfehlbarkeit» ist keine Rede; das Wort des «Herrn» aus dem «Prolog im Himmel» des Faust-Dramas schließt auch den Eingeweihten mit ein: *«Es irrt der Mensch, solang er strebt.»* Wobei es sich hier bestimmt um den objektiven Aspekt eines Irrtums handeln wird, nicht um ein Irren im trivial-irdischen Sinne. Für den Eingeweihten ist der Kosmos erfüllt von geistigen Wesen, denen er gegenübersteht und zu deren Diener und Gefolgsmann er sich macht. Und es kommt darauf an, welchen Wesen er folgt. Ein Nicht-Durchschauen der Weltenzusammenhänge könnte leidvollste Verhängnisse nach sich ziehen.

Sarastro ist bei Goethe auch nicht mehr das Oberhaupt seiner Priesterschaft. Er ist vielmehr zurückgetreten in die Reihen seiner Brüder, ist «Gleicher unter Gleichen» und hat sein «Diadem» Tamino übergeben, der zwar mit «junger Kraft und frühzeitiger Weisheit» sein hohes Amt versieht, über den die Götter aber trotz seines «rechten Handelns» ein unerforschliches Schicksal verhängt haben, wie uns der Beginn schmerzvoll genug erkennen ließ: «Soll er leiden, nicht entscheiden...?» An den vielsagenden, folgenschweren Worten des Priesterchores ist die Handlung des Dramas in ihrem prinzipiellen Verlauf bereits zu ahnen. Der letzte

Vers des Chores: «Spreche Zufall auch einmal», läßt erschließen, daß etwas Unvorhergesehenes, Neues und Imponderables in den Lauf der Entwicklung eintreten soll.

«Zufall» ist ein gültiger Faktor im Weltenwerden. Denn ohne Zufall gäbe es keine Freiheit. Der Freiheitsbegriff schließt den Zufallsbegriff in sich ein; beide bedingen einander. Freilich darf auch hier Zufall nicht im alltäglich, trivialen Sinn verstanden werden. Dort wo sich Ereignisse, die aus unserem irdischen Dasein erfließen, mit seelischen Vorgängen verbinden, ist dem Zufall Raum gegeben. Denken wir, wir seien etwa einer Landschaft, einem Naturvorgang oder einer unsere menschliche Umwelt betreffenden Schicksalssituation gegenübergestellt; das Miterleben dieser Begegnung erzeugt in unserer Seele bestimmte Reaktionen – Gedanken, Gefühle, Willensimpulse. Es ist also etwas entstanden, was vordem nicht vorhanden war und sich mit dem Erlebten verknüpft. Eine Verknüpfung, die allerdings gar nicht hätte erfolgen müssen, die aus unserer Seele wie aus dem Nichts heraus geboren wurde, dann aber schicksalhafte Konsequenzen nach sich gezogen hat. In diesem Sinne ist «Zufall» im Weltgeschehen ein gültiger Begriff.

Und in diesem Sinne dürfte er auch von Goethe gemeint sein. Dies bezeugt uns der Dialog zwischen Sarastro und dem «Sprecher», der sich jenem Priesterchor unmittelbar anschließt. An derselben Pforte, an der einst auch Tamino wandelte – an dem nördlichen Tempeltor –, steht ein Pilger, der ein Jahr lang in der Welt draußen, fern der Bruderschaft, leben mußte und der nun zurückgekehrt ist. Der geheimnisvolle «Kristall», den der Pilger Sarastro überreichen läßt, ist «hell und klar» geblieben; ein Zeugnis für die Bewährung des Heimgekehrten. Denn der Stein würde «trüb' erscheinen, wenn unser Bruder gefehlt hätte».

Dann aber spricht Sarastro von dem Sinn dieser Pilgerschaft. Das Weilen in den Tempelmauern dient der Kontemplation und der mystischen Versenkung. Der Mensch «lernt sich selbst und sein Innerstes erforschen» und bereitet sich dadurch vor, «die Stimme der Götter zu vernehmen», um ihr – im Sinne des vorhin Gesagten – dienend zu folgen und ihr Willensgebot auf Erden zu verwirklichen. Jedoch der Weg der Kontemplation allein und ausschließlich beschritten, muß zu Einseitigkeit führen. «Die erhabene Sprache der Natur, die Töne der bedürftigen Menschheit lernt nur der Wanderer kennen, der auf den weiten Gefilden der Erde umherschweift.» Deshalb das Gesetz des Bundes, daß jährlich einer der Brüder als Pilger hinausziehen muß «in die rauhe Welt». Ist dies doch auch Goethes ureigenstes Anliegen, das er als tiefen Sinngehalt den «Wanderjahren» Wilhelm Meisters zugrunde legte.

Der Tempel würde sich sonst abgesondert vom Schicksal der Menschheit entwickeln, würde einer elitären Bruderschaft Raum geben, die den Zusammenhang mit der realen Weltentwicklung verlieren müßte. Die Brüder wären nur auf ihre eigene Vervollkommnung bedacht und würden unvermeidlich in die Fänge eines verfeinerten, spirituellen Egoismus geraten. Deshalb muß immer wieder die Kunde vom Wohl und Wehe der Welt in die Tempelmauern hineingetragen werden, wie sie auch im Goetheschen Märchen von dem «Alten mit der Lampe» den «Königen» gebracht wird:

«Nach einiger Pause fragte der goldne König: Woher kommt Ihr? – Aus der Welt, antwortete der Alte. Wohin geht Ihr? fragte der silberne König. – In die Welt, sagte der Alte. – Was wollt Ihr bei uns? fragte der eherne König. – Euch begleiten, sagte der Alte.»

Diese «begleitende» Kunde ist es, die in den Seelen der Brüder neue Intentionen, Erkenntnisse, Gefühlsmomente und Willensvorsätze zur Geburt bringt, die ein Neues, aus dem Verlauf der bisherigen Entwicklung nicht Bestimmbares und Absehbares in das Weltgeschehen einfließen läßt: «Spreche Zufall auch einmal.» Die Art, wie dieser Tempel von jeher bestanden hat und seine Riten sich vollzogen haben, scheint nicht mehr genügend Entwicklungskräfte in sich zu tragen, Erneuerung tut not. Auch hier liegt eine Parallele zum «Märchen». Der Tempel des goldenen, silbernen und ehernen Königs darf nicht länger im «Unterirdischen», d.h. in der Verborgenheit und Weltabgeschiedenheit verbleiben. Die Welt draußen schreitet weiter und der Tempel muß es auch, will er weiterhin seine fruchtbare und heilsame Kommunikation mit der Welt vollziehen.

Von hier aus haben wir nochmals auf den Eingangschor zurückzublicken, denn fast will es scheinen, als ob die Macht des Zwiespaltes und der Entzweiung, die die Welt so sehr beherrscht, sich anschicken würde, auch nach den heilen Tempel-Mauern zu greifen. «Schauen kann der Mann und wählen», so sprachen die Priester. Aber der aufrichtigste Wille, nach bestem Gewissen das Rechte zu wählen, führt oft nicht zu dem erschauten Ziel. Auch wenn des Menschen Leitbild «rechtes Handeln» und «grades Wandeln» ist, muß der gewählte Weg objektiv nicht der richtige sein. Eine Tragik, von der Natur und Tempel ergriffen sind. In bezug auf die «Natur» wird sie uns am Schicksal Papagenos und Papagenas aufscheinen, die Tempeltragik erlebten wir bereits am Geschick Taminos und Paminas, und sie zeigt sich erneut an dem Los, das Sarastro trifft:

«Das Los entscheidet und der Fromme gehorcht. Auch ich, nachdem ich mein Diadem dem würdigen Tamino übergeben habe ... bin heute zum erstenmal auch in dem Falle, so wie jeder von euch, in das heilige Gefäß zu greifen und mich dem Ausspruche des Schicksals zu unterwerfen.»

Und das Los trifft ihn, hat ihn zur Pilgerschaft in die «rauhe Welt» ausersehen.

«Mich entfernen die Götter aus eurer Mitte, um euch und mich zu prüfen. Im wichtigen Augenblicke werde ich abgerufen, da die Kräfte feindseliger Mächte wirksamer werden. Durch meine Trennung von euch wird die Schale des Guten leichter. Haltet fest zusammen, dauert aus, lenkt nicht vom rechten Wege, und wir werden uns fröhlich wiedersehen.»

Deutlich ist es ausgesprochen: in dem entscheidenden Augenblick wird Sarastro abberufen, da die «feindseligen Mächte wirksamer werden». Ein oft nur schwer zu begreifender Ratschluß der Götter für menschliches Denken. Auf welch schwankenden Boden geraten wir mit unserer Logik? Man kann nicht sagen, der Tempel hätte Schuld auf sich geladen, trotzdem wird er durch Prüfungen geschickt. Von Tamino heißt es, daß er mit «junger Kraft und frühzeitiger Weisheit» regiert habe, und doch konnte das Böse an ihn heran. Und jetzt ist es Sarastro selbst, dem die «Herrschaft entrissen» wird, nachdem er bereits die «Krone» dem «werten Manne» übergeben hatte; er wird nunmehr als Pilger hinausziehen, um der Welt die Weisheit zu bringen und die Natur durch sie neu zu befruchten.

Schon Mozarts Werk hat uns gezeigt, wie sich das Widergöttliche einschleichen konnte in den Tempel. Wir sagten, daß der Mensch in seiner Ungeläutertheit dazu die Möglichkeit geboten hätte. Wir sahen aber auch, daß durch ihn, durch sein Bestehen in «Feuer» und «Wasser» dieses Widergöttliche gestürzt und abgewehrt wurde. Aber die Worte, die die Dämonen knirschend bekennen mußten: «Zerschmettert, zernichtet ist unsere Macht», gilt offenbar nicht für immer und ewige Zeit. Neue Anstürme erfolgen, neue Opfer müssen gebracht, neue «Standhaftigkeit» bewiesen werden. Und Sarastro ist voll Zuversicht bei seinem Scheiden:

«Haltet fest zusammen, dauert aus, lenkt nicht vom rechten Wege, und wir werden uns fröhlich wiedersehen.»

Einmal war dieses Wort schon Trost für Tamino und Pamina: «Wir werden froh uns wiedersehn». Jetzt ist es Trost an die Brüder:

«Mir ward bei euch, ihr Brüder,
Das Leben nur ein Tag.
Drum singet Freudenlieder,
Werft euch in Demut nieder
Und gleich erhebt euch wieder,
Was auch der Gott gebieten mag!»

Wie klar ist aus diesen Worten herauszulesen, daß dieser Tempel in der «Dauer» steht, nicht im irdischen Zeitbereich; daß es ein Tempel der Erleuchteten ist, deren Bewußtsein nicht an den verweslichen Leib gebunden ist. Deshalb kann auch mit innerster Überzeugung gesprochen werden, daß zu geschehen habe, was die Gottheit gebietet. Ein wahres Hierophanten-Wort, das Rudolf Steiner in seinem vierten Mysteriendrama mit gleicher zuversichtlicher Gelassenheit aussprechen läßt: *«Es wird geschehen, was geschehen muß». (10)*

Freilich, die irdische Natur des Menschseins empfindet mit Schmerz, was dem Geiste Zuversicht und Freude ist:

«Von euch zu scheiden,
Von euch zu lassen,
Welch tiefes Leiden!
Ich muß mich fassen!
O harter Schlag!»

Und der Chor der Zurückbleibenden kann nur Verlassenheit, Trauer und Klagen empfinden. Denn nicht mehr wird sie Sarastros Wort «Am ernsten Orte,/In edlen Pflichten» unterrichten, nicht mehr – so scheint es – soll «die Wahrheit auf Erden in schöner Klarheit verbreitet» werden. Sarastros Mission, Erdenlos auf sich zu nehmen, hebt an, und keiner zweifelt, daß er es vollbringen wird. Was aber bleibt der führerlosen Bruderschaft?

«Dein hoher Gang
Wird nun vollbracht;
Doch uns umgibt
Die tiefe Nacht.»

Diese Ereignisse im Tempel dürften auch wesentlich sein für die in der Regie-Anweisung vermerkten nachfolgenden Geschehnisse. Pamina erscheint mit ihrem großen Gefolge. «Das Kästchen wird gebracht.» Hier also wird der «goldene Sarg» ausdrücklich als «Kästchen» apostrophiert. Eine Bezeichnung, die unsere vorhin aufgezeigten Parallelen zu anderen Dichtungen Goethes bestätigt und unterstreicht. Auch spricht sich darin die erfolgreiche Abwehr der dämonischen Attacken aus. Der kostbare Schrein ist kein Sarg mehr, sondern zum «goldenen Kästchen» geworden; der Symbolik entkleidet heißt dies: die physische Leibeshülle ist dem Todesbereich entrückt und von ätherischen Lebenskräften erfüllt.

Sehr rätselvoll ist jedoch das folgende Geschehen, über das wir allerdings nur eine aus wenigen Sätzen bestehende Skizze besitzen. Demnach will Pamina «einer Vorbedeutung zufolge» das Kästchen «der Sonne widmen». Da es aber auf den Altar gesetzt wird und Bittgebete gesprochen werden, hebt ein Erdbeben an, die finsteren Kräfte entfalten ihre Macht, und «der Altar» wie «das Kästchen» versinken. Pamina wird von Verzweiflung überwältigt.

Sicher ist, daß dieses Ereignis nach dem Scheiden Sarastros von der Bruderschaft zu denken ist. Seine Abwesenheit hat sichtlich alles verschlimmert. Die Mächte der Finsternis drohen die Oberhand zu gewinnen, und schmerzlich bewahrheitet sich das Wort des Hierophanten: «Die Schale des Guten wird leichter.»

Trotzdem bleibt das Geschehen rätselhaft. Zum ersten wäre zu fragen, was das Opfer des Kästchens am Sonnen-Altar zu bedeuten hat. Wenn wir unserer Bildsymbolik konsequent folgen, dann könnte sich darin das «Frei-Werden» der ätherischen Wesenshülle des Kindes zum Ausdruck bringen. Wir hätten darin gleichsam ein Sinnbild für das Heranwachsen des Kindes zu erblicken, das sich in einer ähnlichen, fast Allgegenwart zu nennenden Raffung der Zeit abspielt, wie wir dies bei der Euphorion-Gestalt im Faust-Drama erleben oder wie es uns der Mythos vom griechischen Gott Hermes überliefert.

Dies würde auch der «Vorbedeutung» gerecht werden, nach der Pamina handelt. Mit dem Anheben des zweiten, sieben Jahre umfassenden Lebensabschnittes wird das Kind aus der Mondensphäre von der Natur selbst entlassen. Der Ätherleib wird «frei» und stellt sich in den Dienst eines eigenständigen Gedankenlebens, wie es in der Alltags-Wirklichkeit die Schule dem Kinde vermittelt. Pamina führt die physisch-ätherische Leibeshülle ihres Sohnes der Sonnenwelt Sarastros, bzw. seiner

Priesterschaft zu. Sie vollzieht damit etwas, was ihre eigene Mutter mißbräuchlich verhindern wollte. Insoferne wäre auch die «Vorbedeutung» verständlich, nach der sie handelt.

Völlig rätselhaft aber muß uns das Versinken von «Altar» und «Kästchen» in die Grüfte der Erde erscheinen. Wie konnte dies geschehen? War die Darbringung am Sonnen-Altar zu früh erfolgt? Dann wäre die «Vorbedeutung» ein Irrtum gewesen, und dies scheint kaum glaublich. Muß man doch annehmen, daß in dieser «Vorbedeutung» eine «höhere Stimme» zu Pamina gesprochen hat. Oder ist durch das Scheiden Sarastros die Waagschale des Guten tatsächlich so geschwächt worden, daß die Gegenwelt diesen unvorhergesehenen Schlag führen konnte? Oder war Pamina, durch das erlebte Leid und die monostatische Magie geschwächt, nicht wach genug? Wir können die Ursache nicht ergründen, da Goethe die Szene unausgeführt ließ. So bleibt es im Dunkeln, was dem Bösen die Möglichkeit gab, seine Macht so auszuweiten und in ein ihm fremdes, seinem Wesen verschlossenes Bereich widerrechtlich einzudringen. Wir müssen es als Tatsache zur Kenntnis nehmen, zumal die ganze weitere Handlung darauf aufbaut.

Die Welt Papagenos

Wie sehr Natur und Welt der Pilgerfahrt Sarastros bedürfen, das erhellt uns die erste Papageno-Szene, die dem Tempel-Bild vorangeht, von uns jedoch aus Gründen einer zusammenfassenden Übersicht zunächst unberücksichtigt geblieben ist.

Die erste Begegnung mit Papageno führt uns in die reine Natur. «Wald und Fels, im Hintergrund eine Hütte, an der einen Seite derselben ein goldener Wasserfall, an der andern ein Vogelherd». Der «goldene» Wasserfall soll uns wohl die paradiesische Reinheit dieser «natura naturans» aufzeigen, in der wir das Paar mit dem letzten Duett in Mozarts Werk verlassen haben: «Wenn viele Pa-pa-pa-pa-ge... der Eltern Sorge werden sein.»

Doch auch in diese Welt ist Unfriede und Unzufriedenheit eingebrochen. Das Paar sitzt «auf beiden Seiten des Theaters voneinander abgewendet». Er und sie – beide sind sie «verdrießlich» und beide finden «die Welt nicht mehr schön». Was ist die Ursache ihrer Unzufriedenheit? Im humorvollen Buffo-Ton bekennen sie uns, daß sie eigentlich in einem wahren Schlaraffenland leben und zufrieden und glücklich sein müßten. Tamino hat Papageno als Hochzeitsgeschenk seine Flöte vermacht, Papagena erhielt von ihrem Mann das geheimnisvolle Glockenspiel, das sie nur anzuschlagen braucht und schon «stürzen sich alle Vögel ins Netz». Wahrlich ein sorgloses, schlaraffisches Dasein: «Die Tauben fliegen uns gebraten ins Maul», bekennt Papagena, und «die Hasen laufen gespickt auf unsern Tisch!» ergänzt der Gemahl. Dazu hat Sarastro die «ergiebige Weinquelle an ihre Hütte herangezaubert». (Ist dies vielleicht das Geheimnis des «goldenen Wasserfalls»?) Woran also leiden sie Mangel, der ihre Unzufriedenheit und Verdrießlichkeit rechtfertigte? Durch die «Zauberflöte» und das «Glockenspiel» ist ihr Dasein in hoher Weise mit dem Schicksal der Eingeweihten verbunden, wenn sie diese Bindung vorerst auch nur auf kreatürlichste Art darzuleben imstande sind. Die Kreatur aber ist jedenfalls dadurch jeglicher Sorge um ihr Dasein enthoben.

Was mag wohl Tamino bewogen haben, die kostbare Flöte Papageno zu schenken? Der Gebrauch, den sein einstiger Diener davon macht, steht ja in krassem Widerspruch zu ihren Wirkungen:

«Hat uns nicht der Prinz zum Hochzeitsgeschenk die kostbare Flöte gegeben, mit der wir alle Tiere herbeilocken, hernach die schmackhaften aussuchen und uns die beste Mahlzeit bereiten!»

Die Flöte, deren Ton alle Triebe besänftigt und harmonisiert, dient Papageno dazu, dem Jagdtrieb zu frönen und den Hunger genießerisch zu stillen. Das kann wohl nicht die wahre Absicht des Schenkers gewesen sein. Erinnern wir uns des Weges, den die Flöte genommen hat. Der Prinz hatte sie im Mondenbereich der Königin der Nacht empfangen, als ersten Auflaut des «Sonnentones» in seiner eigenen Brust. Dann wurde sie ihm durch die drei Knaben aus der Hand Sarastros zum zweiten Mal übergeben. In der Feuer- und Wasserprobe hatte er sich schließlich den Ton der Flöte, dessen Wirkung jener der orphischen Leier glich, ganz zu eigen gemacht. Er hatte seinen «Ich-Ton» gefunden, hatte sich die Wirkenskraft der Flöte gleichsam einverleibt:

«Wir wandeln durch des Tones Macht
Froh durch des Todes düstre Nacht.»

Tamino ist zum lebendigen Träger ihres Tones geworden und kann seine Kraft nun an jenes menschliche Dasein verschenken, das in seiner Kreatürlichkeit diese «Harmonie» noch nicht gefunden hat, das sich dereinst aber ebenso seinen sonnenhaften Ich-Ton erringen soll. Insoferne also ist das Schicksal Papagenos tatsächlich und weiterhin an Tamino und sein Sonnenreich gebunden.

Was nun ist der wirkliche Grund ihrer Verdrießlichkeit? Die Tatsache, daß ihnen die Mondensphäre offenbar gerade jene Kräfte entzogen hat, die in rechtmäßiger Weise in die «natura naturans» hineinwirken müssen, damit der Strom der Vererbung in ihr fließen kann. Es fehlen ihnen die vielen kleinen Papagenos und Papagenas, die sie sich erträumt hatten. Geben doch erst sie ihrem reinen Geschöpf-Dasein den eigentlichen Sinn: fruchtbar zu sein, das Leben weiterzutragen in Kindern und Enkeln, im nie versiegenden Lebensquell der ewig sich erneuernden, fruchtbaren Natur:

Er: «Erst einen kleinen Papageno.»

Sie: «Dann wieder eine kleine Papagena.»

Er: «Papageno.»

Sie: «Papagena.»

Schon dachten beide, sie wären da, hüpften herum; aber es war nur ein Traum. «Wo sind sie geblieben?» Papageno bereut, seiner ursprünglichen Absicht nicht gefolgt zu sein und jenen bewußten Baum nicht «geziert» zu haben, wie er es durch sein Erhängen tun wollte. Und Papagena wünschte, sie wäre das «alte Weib» geblieben, als das sie Papageno zu Beginn begegnet ist. Wieder verbirgt sich hinter der Leichtigkeit Mozartschen Humors bitterer Ernst. Denn die Versagung der ersehnten Nachkommenschaft trifft die «lebendige Natur» ins Mark. Es ist wirklich ein Todesgeschehen, das damit in ihre Welt hineingetragen wurde.

Aber ihrem Schmerz wird Trost gegeben durch einen unsichtbaren Chor, der ihnen verheißt, was sie so sehr ersehnen:

«Ihr guten Geschöpfe,
Was trauert ihr so?
Ihr lustigen Vögel,
Seid munter und froh!»

Es sind die Felsen und Quellen, es ist der Wald, die ganze Äthersphäre der «natura naturans», die ihnen Verheißung singt und sie gemahnt, ihrem eigenen Wesen treu zu bleiben:

«Besorgt das Gewerbe,
Genießet in Ruh'!
Euch schenken die Götter – –»

Voll Ungeduld unterbrechen die beiden den Hoffnung verheißenden Gesang; werden es die ersehnten Papagenos und Papagenas sein?

«Euch geben die Götter
Die Kinder dazu.»

Befreit von ihrer «Verdrießlichkeit», besorgt das Paar nunmehr sein «Gewerbe», nachdem es sich an der «Quelle» mit Sarastros «Zauber-Wein» gelabt hat. Papageno spielt die Flöte und sieht sich nach brauchbarem Wild um, sein Weibchen sitzt in der kleinen Laube am Vogelherd und läßt die Glöckchen klingen.

Uns könnte dabei die Frage kommen, ob dieser Schluß der Szene wirklich nur den Sinn hat, den Zuschauer ansichtig werden zu lassen, was er aus Papagenos Mund über die praktische Anwendung des Zauberinstrumentes bereits erfahren hat. Wenn wir uns auf den wahren Sinn von Taminos Geschenk besinnen, dann könnte sich hinter dem köstlichen Humor, mit dem Goethe Papageno der wilden Tiere ansichtig werden läßt, ein tieferer Fingerzeig verbergen.

«Wär' ich nur die Bären los!
Die verwünschten Affen!
Jene sind so breit und dumm,
Das sind schmale Laffen.»

So renommiert Papageno über die sich zu seinem Flötenspiel drängenden Tiere. Und seine angetraute «Vogelfängerin» steht ihm darin nicht nach:

«Auch die Papageien-Schar
Kommt von weiten Reisen.
Glänzend farbig sind sie zwar,
Aber schlecht zu speisen.»

Ungeschlachte, «dumme» Bären, «läffische» Affen und bunt schillernde, schlecht-verdauliche Papageien – muten sie uns nicht wie ein Spiegel an, in den zu blicken Selbstbesinnung bedeuten könnte? Denn nicht die Natur hat ihren Geschöpfen diese wertenden Attribute gegeben; Papageno und seine gelehrsame weibliche Hälfte sind es, die plötzlich «Wertigkeiten» an den Geschöpfen entdecken. Und bedeutet dies nicht ein erstes Sich-Gegenüberstellen, ein Heraustreten aus jener Welt, der man selbst angehört, und damit einen ersten Auflaut des Erkennens?

Heiter und wissend um ihre «Paarheit», die ihnen zeigt, wie eines das andere ergänzt und jedem gibt, was er sonst entbehren müßte, eilen sie ihrer Hütte zu:

«Wohl, mein Kind, wir leben so
Einer von dem andern.

Laß uns heiter, laß uns froh
Nach der Hütte wandern.»

Die unsichtbar in der Natur webende Elementarwelt aber gibt ihren Hoffnungen nunmehr volle Gewißheit:

«Ihr lustigen Vögel,
Seid munter und froh!
Verdoppelt die Schritte;
Schon seid ihr erhört,
Euch ist in der Hütte
Das Beste beschert.»

Die Szene in «Papagenos Wohnung» wurde von Goethe dramatisch nicht ausgeführt. Nur eine kurze Inhaltsangabe gibt uns Kunde, wie sie vom Dichter gedacht war. Demnach findet das heimkehrende Paar «große, schöne Eier» in der Hütte vor. Zunächst glauben sie, daß darin besonders schöne Vögel stecken müßten, da tritt der auf seiner Pilgerfahrt wandernde Sarastro bei ihnen ein und belehrt sie eines Besseren. Durch seine magischen Verrichtungen «steigt ein niederer Felsen aus der Erde, in dessen Innern sich ein Feuer bewegt. Auf Sarastros Anweisung wird auf demselbigen ein artiges Nest zurecht gemacht, die Eier hineingelegt und mit Blumen bedeckt.» Während der Eingeweihte die Hütte wieder verläßt, beginnen die Eier zu schwellen, «eins nach dem andern bricht auf und drei Kinder kommen heraus, zwei Jungen und ein Mädchen.»

Das Bild der Eier nimmt vordergründig natürlich Bezug auf das Erscheinungsbild dieses gefiederten, an Hahn und Hennin gemahnenden Paares. Das indogermanische «auei» heißt ursprünglich «das zum Vogel Gehörige». Wie in der gesamten Vogelwelt schlüpfen daher auch Papagenos und Papagenas «Junge» aus dem Ei. Dabei ist der ganze Vorgang, wie der Dichter ihn sich dachte, bemerkenswert. «Nach einigen mystischen Äußerungen über die Naturkräfte», so heißt es im Text, d.h. nach bestimmten magischen Beschwörungen der Naturkräfte durch Sarastro, steigt «ein Felsen aus der Erde». Die irdisch-mineralische Substanz gibt also die Basis ab, auf der sich die Geburt vollzieht. Im Innern des Felsens aber flackert ein «Feuer»; ohne Wärme gibt es kein Leben. Man könnte an das alte Saturn-Feuer denken, wie Rudolf Steiner es in seiner Evolutions-Darstellung beschreibt, aus dem heraus die Keimlegung für das jetzige Mineralreich erfolgt ist. Dann wird eine «Hülle» für die Eier gebildet, ein «Nest», und dieses wird mit «Blumen» bedeckt. Die pflanzenhaft-organische Welt mit ihren ätherischen Bildekräften beginnt zu wirken, die Eier «fangen an zu schwellen» und die Schale bricht entzwei und gibt zwei Knaben und ein Mädchen frei. Denkt man dabei nicht unwillkürlich an jenen griechischen Mythos, nach dessen Version Helena und ihre beiden Brüder – Kastor und Polydeukes – aus dem «Zwillingsei» heraussprangen? Und «ex ovo», aus dem Welten-Ei, das «Nyx», die Ur-Nacht gelegt hatte, trat der Sohn des wehenden Windes: Eros, heraus, der Gott der Liebe, der als «Phanes» alles ans Licht brachte, was bis dahin im silbernen Ei der Nyx verborgen lag. Und dies war die ganze Welt. Das Ei ist die urweltlichste Form des Kindes, d.h. des empfangenden Lebenskeimes. Die Ereignisse, wie sie Goethe in Papagenos Hütte gedacht hatte, spiegeln Urwelt-Vorgänge wider, und Sarastro ist dabei der leitende, Götterwillen vollstreckende Hierophant.

Nach seiner Rückkehr, die keineswegs gleich im Anschluß an die glückliche Geburt der Papageno-Sprößlinge zu denken ist, sollte Sarastro – dem Plane nach – den Eltern Ratschläge über die Erziehung der Kinder erteilen. Die «Natur», wie sie sich uns in dem «Vogelpaar» offenbart, wäre somit auch hinsichtlich ihrer Nachkommenschaft unter der Hut der Tempelweisheit gestanden.

Schließlich sollten Papageno und Papagena von dem traurigen Los erfahren, das ihre einstige Herrschaft ereilt hatte. Die «muntere Familie» wird aufgefordert, «nach Hofe zu gehen, um die Betrübnis durch ihre Scherze aufzuheitern». Vor allem aber sollte Papageno die Flöte mitnehmen; ihr Ton würde vielleicht auch diesmal Heilung bringen können.

Es ist Goethes «arkadische» Harmonie von Geist und Stoff, die uns auch hier, wie in so vielen seiner Dichtungen, entgegentritt. Am unmittelbarsten im Helena-Akt seines Faust-Dramas. In unserem Geschehen läßt sich dieses Streben, Geist und Stoff in Harmonie zu bringen, an der Tatsache ablesen, daß Sarastro in die Welt hinaus zieht, um ihr die Botschaft des Geistes zu verkünden, während Papageno zum Tempel gesandt wird, auf daß die ungetrübte, reine Natur das Sehnsuchtsleid lindere.

Denn der Schmerz in der Welt Taminos ist groß. Auch hier deuten nur einige Sätze an, was hätte ausgeführt werden sollen. Wir hörten, wie Pamina das «Kästchen» den Sonnenkräften darbringen wollte, wie aber der Altar mit ihm versank. Nach diesem Versinken sucht Pamina nun ihren Gatten auf. Kaum jedoch, daß die beiden sich erblicken, «fallen sie in einen periodischen Schlaf, wie ihnen angedroht war, aus dem sie nur kurze Zeit erwachen, um sich der Verzweiflung zu überlassen.»

Das von Monostatos angedrohte Unheil tritt also ein: «Wenn sich die Gatten sehen, soll Wahnsinn sie berücken.» Als «Wahnsinn», d.h. als ein völlig unkontrolliertes Außer-sich-Sein, müssen wir diesen «periodischen Schlaf» wohl verstehen. Dieser Zustand steht in rhythmischem Wechsel mit völliger Verzweiflung, die nicht minder Auflösung jenes Bewußtseins bedeutet, das wieder zu sich gekommen ist. Das Böse hat also die Macht gewonnen, völlige Disharmonie zwischen den Geschlechtern zu bewirken, so daß sie auch bewußtseinsmäßig nicht mehr zueinander finden können. Bereits im ersten Teil haben wir auf die Bedeutung verwiesen, die der Tatsache zukommt, daß bei Mozart auch Pamina den Einweihungsweg beschreiten durfte und Eingang in den Tempel fand. Wir betonten, wie dies gegen die Freimaurer-Regel verstieß, die mit dem Ausschluß des Weiblichen von der Initiation im gewissen Sinne bereits eine bewußtseinsmäßige Trennung der Geschlechter bewirkte. Nunmehr ist es dem Bösen gelungen, diese Trennung völlig zu zementieren. Was sich im ersten Teil im Zwist der nächtlichen Königin mit Sarastro nur hintergründig andeutete, ist von Goethe konsequent weitergeführt worden. Denn auch die Trennung der Geschlechter, wie sie die Freimaurer-Regel statuierte, also die Negation der Überwindung des Geschlechtlichen und das Durchstoßen-Können zum rein Menschlichen in bezug auf das Weibliche, bedeutet für die Menschheitsentwicklung ein widergöttliches Element. Dies aber war schon bei Mozart die Absicht der Königin. Das Astral-Mütterliche in seiner Verluziferisierung und das Ichhaft-Väterliche standen sich feindlich gegenüber, und die Tochter sollte aus diesem korrumpierten Astralbereich nicht den Weg zu ihrem Ich finden. Daß Pamina diesen Weg dennoch gegangen ist, bedeutet ein nicht mehr rückgängig zu machendes Faktum. Der Gegenzug der dämonischen Mächte kann daher nur darin bestehen, diesen gewonnenen Ich-Funken gleichsam mit einer Hypertrophie von Astralität zu betäuben, ihn im schmerzlich aufgewühlten Ozean der Seele untergehen zu lassen. Und welches Gegenmittel wäre zur Heilung geeigneter als jenes Instrument, das dieses schwer geprüfte Menschenpaar schon einmal durch sein Tönen ihr wahres Wesen finden ließ? Vielleicht können wir durch Goethes fortführende Gestaltung erst wirklich begreifen, welch zukunftsweisender Impuls in jenem Bilde lag, in dem wir Tamino und Pamina, auf den Ton der Flöte vertrauend, Feuer und Wasser durchschreiten sahen.

Die heilenden Kräfte der Flöte

Dem Gebote Sarastros folgend, sehen wir die «befiederte Familie» zum Hofe Taminos ziehen. Der «Spaß-Vogel» Papageno kann auch jetzt nicht von seinen «Aufschneidereien» lassen. Gerüchte schwirren seiner Ankunft voraus, daß er den «größten Schatz» gefunden hätte, daß Sarastro zum «Kräutersammler» geworden sei und daß der Schatz Papagenos und die Kraft der heilenden Kräuter bald allen Schmerz lindern würden.

Papageno stößt bei seiner Ankunft mächtig in das gleiche Horn. Ein witziger Prosa-Dialog hebt an, in dem sich der einstige Begleiter Taminos als reicher Handelsmann ausgibt, der seine Waren «draußen vor dem äußersten Schloßhofe» wegen des «Zolles» deponiert hätte. Und doch liegt auch in seinen jetzigen Großsprechereien ein «qualitativer» Unterschied zu den Schwindeleien von einst, da er sich etwa als Besieger des Schlangenungeheuers ausgegeben hatte. Denn die gegenwärtigen Angebereien kommen gar nicht so sehr aus ihm, sie sind vielmehr nur ein Widerhall der leichtgläubigen, Gerüchte haschenden, sensationslüsternen Menge. Sie sind Antworten auf Fragen, denen die Unwahrheit schon als Wunsch, sie bestätigt zu erhalten, impliziert ist:

Dame:	«Ist's denn wahr, daß ihr die herrlichen Eier gefunden habt?»
Papageno:	«Gewiß.»
Herr:	«Goldne Straußeneier?»
Papageno:	«Nichts anders.»

Und als Handelsmann gibt er sich erst aus, als ihn die Hofgesellschaft bedrängt, ihr für ein «Dutzend Freunde» die «edlen Metalle» zu überlassen. So wird seine Angeberei zum Spiegel, in dem sich die Leichtgläubigkeit der Gesellschaft selbst ad absurdum führt. Denn Papageno hat das «Schloß vor dem Mund» offenbar doch nicht vergessen. Als er seine mitgebrachte Ware offeriert – nämlich seine Kinder –, macht er kein Hehl daraus, daß dies sein ganzer Reichtum sei:

«Sollte man übrigens in dieser wahrheitsliebenden Gesellschaft die Wahrheit sagen dürfen, so würde man bekennen, daß man ein wenig aufgeschnitten hat.»

Für die Gesellschaft ist Papageno weiter nichts als der alte «Lustigmacher», der er immer war. Aber gerade dies gibt ihm das Wissen seiner «Unentbehrlichkeit».

Herr: «Du bist also noch immer weiter nichts als ein Lustigmacher.»

Papageno: «Und deshalb unentbehrlich.»

Wie arm und unerträglich wäre das Leben ohne Humor, den Papageno aus dem unerschöpflichen Reichtum seines Wesens auszustreuen weiß. Und wer sollte dies nicht besser verstanden haben als Goethe, dem der Humor immer treu zur Seite stand, auch dort, wo es galt, uns die ernstesten Dinge zu sagen.

«Laßt Phantasie, mit allen ihren Chören,
Vernunft, Verstand, Empfindung, Leidenschaft,
Doch, merkt Euch wohl! nicht ohne Narrheit hören.»

So spricht die «Lustige Person» im «Vorspiel auf dem Theater». Auch Papageno ist für Goethe eine «lustige Person».

Die Verwunderung der Gesellschaft, daß Sarastro, den man Kräuter und Steine sammelnd im Gebirge wähnte, persönlich Papagenos Hütte betreten hat, wie auch die Kunde, mit welchem Auftrag der «Spaßvogel» zu Tamino gesandt worden sei, stellt den Ankömmling blitzartig in ein anderes Licht. Dies ist auch aus der Regieanweisung zu entnehmen, die der folgenden Szene vorangestellt ist: «Man wird, um den pathetischen Eindruck nicht zu stören, wohl die Papagena mit den Kindern abtreten lassen, auch Papageno, der die Flöte bläst, kann sich hinter die Kulisse wenigstens halb verbergen und nur von Zeit zu Zeit sich sehen lassen.»

Wir sehen Pamina und Tamino schlafend «unter einem Thronsessel». Das dumpfe, mit Wahn-Träumen erfüllte Astralbewußtsein einer korrumpierten Mondensphäre hält sie umfangen. Doch der Sonnenton der Flöte weckt Pamina aus dieser Wahn-Umnachtung, und beglückt sieht sie sich an der Seite des Geliebten.

«An der Seite des Geliebten
Süß entschlafen, sanft erwachen,
Gleich zu sehn den holden Blick –»

Neugierig horchend, unterbricht Papageno in diesem Augenblick sein Spiel, das jedoch auch Tamino aus seinem unheilvollen «Schlaf» geweckt hat:

«Ach, das könnte den Betrübten
Gleich zum frohen Gatten machen;
Aber, ach, was stört mein Glück!»

Der Klang der Flöte hatte den aufgezwungenen Wahn durchbrochen und war nahe daran, dem Paar sein Bewußtsein wiederzugeben. Mit seinem Verstummen jedoch drohen die «Erwachten» neuerdings in Verzweiflung zu stürzen. Flehend drängt der Chor:

«Papageno, blase, blase!
Denn es kehrt der Schmerz zurück.»

Solange die Flöte tönt, scheint der böse Zauber tatsächlich gebannt zu sein. Pamina steigt herab und will «mit Lust» ins Leben und seine Pflichten zurückkehren. Taminos Blick fällt auf die Gattin, und statt Wahn und Verzweiflung fühlt er, wie Freude und Kraft seine Brust bewegen.

«Papageno, laß die Flöte
Nicht von deinem Munde kommen!
Halte nur noch diesmal aus.»

Aber die irdische Natur – noch immer ist Papageno deren Repräsentant – kann mit dem Atem dieses geistigen Melos-Stromes nicht Schritt halten!

«Laßt mich nur zu Atem kommen!
Denn er bleibt mir wahrlich aus.»

Und schon schwindet dem Paar das eben erlebte Glück. «Sich voneinander entfernend», fühlen sie plötzlich die Leere ihres Hauses, und wieder droht Verzweiflung sie zu bewältigen.

«Blase, Papageno, blase!
Halte nur noch diesmal aus!»

Aber der Arme stöhnt: «Ach, mir bleibt der Atem aus!» Und wieder umweht Leerheit und Öde das königliche Paar.

Welch tiefe Weisheit liegt in diesem Geschehen, das durch Papagenos «Atemnot» auch jetzt nicht des Humors entbehrt. Die Frage, die uns schon zu Beginn dieses zweiten Teiles beschäftigte, muß uns auch hier wieder bewegen. Die Frage nämlich, wieso die widergöttliche Macht einen derartigen Sieg überhaupt erzielen konnte. Wir sagten, daß am Ende des Mozartschen Werkes das gestürzte Mondenprinzip den Kampf um Tamino und Pamina zwar verloren hat, daß jedoch die Auseinandersetzung des guten mit dem bösen Prinzip deshalb nicht zu Ende ist und jeder Sieg nur relative Gültigkeit besitzt. Nun war dieser Sturz der Geister der Finsternis durch Tamino und Pamina verwirklicht worden, d.h. durch den Menschen in seiner göttlichen Ebenbildlichkeit. Es ist daher folgerichtig gedacht, wenn wir auch bei den kommenden Attacken des Widergöttlichen dem Menschen die tragende und entscheidende Rolle zusprechen. Dabei dürfen wir ein wichtiges Wesensmerkmal des menschlichen Ich nicht übersehen. Goethe spricht in seiner «Klassischen Walpurgisnacht» eine merkwürdige Charakteristik über die Gottheiten von Samothrake aus:

«Sind Götter! Wundersam eigen,
Die sich immerfort selbst erzeugen.»

In diesem «Sich-immerfort-selbst-Erzeugen» liegt das Wesen des Göttlichen schlechthin. *«Denn dieses Göttliche kann nie ein ‹Gewordenes›, in Vergangenheit ‹Erstarrtes› sein; es ist vielmehr permanente Gegenwart, die sich immerfort selbst schafft.» (11)* Dieser immerwährende Schaffensprozeß der eigenen Wesenheit ist aber auch dem höheren Selbst des Menschen eigen. Und hier liegt der hauptsächlichste Angriffspunkt des Widersachers. *«Und immer wachen – – das vermag es nicht», (10)* läßt Rudolf Steiner eine Hauptgestalt im vierten Mysteriendrama «Der Seelen Erwachen» von diesem höheren Selbst sprechen. Auch dieser Dramen-Held hatte sich, gleich Tamino, «junge Kraft und frühzeitige Weisheit» erworben und manchen Einweihungsgrad erstiegen, doch war er nicht imstande, dem Ansturm der Dämonen immer die Stirn zu bieten. Wenn uns bei Tamino und Pamina von einer diesbezüglichen Schwäche auch nichts Konkretes durch das Drama gesagt wird, so ist eines doch sicher: daß die einmal erfolgte Tat des Widersachers nur durch den Menschen wird paralysiert werden können. Den Weg dafür weist Papagenos Flötenspiel. Einzigartig, daß nunmehr die irdische Geschöpfnatur es ist, welche die Flöte bläst. Sein Spiel ist wie die Frucht, die unser irdisches Menschsein unserem höheren Ich entgegenträgt. Und wie liebevoll menschlich ist es geschildert, wenn dem guten Papageno bei dieser kostbaren «Ernte» immer wieder der Atem versagt.

Die Szene wird mit dem Eintritt von zwei Priestern beendet, die Nachricht bringen über den Verbleib des «Kästchens» und des Kindes.

«In den tiefen Erdgewölben
Hier das Wasser, hier das Feuer,
Unerbittlich dann die Wächter,
Dann die wilden Ungeheuer,
Zwischen Leben, zwischen Tod,
Halb entseelet,
Von Durst gequälet,
Liegt der Knabe.
Hört sein Flehen!
Weh! ach, er verschmachtet schon.
Rettet! Rettet euren Sohn!»

Kein Zweifel somit: wieder muß der Mensch in die Schranken treten, wieder wird Menschentat die Entscheidung herbeiführen. Die Schilderung der Priester erinnert an die zwei «Geharnischten» und die Feuer- und Wasserprobe des Mozart-Werkes. Aber alles trägt jetzt dämonische Züge. Es ist nicht mehr jene reine Elementenwelt, die dem Menschen zwar Heldenmut abverlangt und ihn in Todes-Nähe bringt, vor der andererseits aber auch die Widersachermächte beben: «Fürchterlich ist dieses Rauschen ...» Denn so sprachen sie bei Mozart. Hier ist es jedoch eine Elementenwelt, die sich das Widergöttliche mit Zwang dienstbar gemacht hat. Wieder können wir an die Faust-Dichtung und das Mephisto-Wort beim Tode Fausts denken:

«Die Elemente sind mit uns verschworen
Und auf Vernichtung läuft's hinaus.»

Todes-Stille bewirkt das Wort der Priester. Die Sonne scheint sich zu verfinstern, die Sterne schwinden, alles wird von apokalyptischem Schauer erfaßt:

«Welche Stille, welches Grausen
Liegt auf einmal um uns her!...
Immer lauter aus der Ferne
Hör' ich alle Wetter drohen.
Welche Nacht bedeckt den goldnen
Heitern Himmel,
Und die Sterne
Schwinden schon vor meinem Blick.»

Tamino und Pamina werden auch diese Probe zu bestehen haben, zu der sie eine ahrimanisierte Elementarwelt herausfordert.

Die Erlösung

Das letzte dichterisch ausgeführte Bild zeigt ein «unterirdisches Gewölbe», eine «Gruft», in die der Altar mit dem Kästchen hinabgesunken ist. «An zwei Pfeilern stehen gewaffnete Männer gelehnt», scheinbar in Schlaf versunken. An Ketten gefesselt halten sie Löwen, die den Altar bewachen. Völlige Finsternis lastet in dem Gewölbe, nur das Kästchen «ist transparent und beleuchtet die Szene».

Welch eine andere Welt erlebten wir vor Sarastros Tempel, da die Löwen frei sich bewegten und dem Spiel der Flöte lauschten. Erkannten wir darin die «Harmonisierung» der in der Seele herrschenden Triebgewalten, so sprechen die Ketten von Zwang, der nicht verwandelt und mildert, sondern gefangen hält, um das Ungebändigte jederzeit loslassen zu können. Der unsichtbare Chor bestätigt uns, daß wir es mit einer Sphäre zu tun haben, die unter der Gewalt der dämonischen Königin steht:

«Wir richten und bestrafen,
Der Wächter soll nicht schlafen,
Der Himmel glüht so rot.
Der Löwe soll nicht rasten,
Und öffnet sich der Kasten
So sei der Knabe tot.»

«Die Löwen richten sich auf und gehen an der Kette hin und her.» Rätselhaft ist das Zwiegespräch der beiden noch immer bewegungslos und dumpf vor sich hin brütenden Wächter. Auch ihr Dialog spricht von Zwang, von Unterdrückung; aber auch von Hoffnung, an die man jedoch kaum zu glauben wagt. «Wird es Tag», fragt der eine; die Antwort seines Gefährten ist ein banges «Vielleicht». Nur eine Gewißheit ist ihnen gegeben: die Nacht ist da, und wie auch immer die Zeit vergehen mag, für sie beide wird nie «die Stunde schlagen». Gemeint ist wohl jene Stunde, in der es Tag wird und ihnen Befreiung winkt. In der Unterwelt herrscht eine «zeitlose Zeit», ein verzerrtes Bild der «Dauer» in göttlichen Sphären. Und jener, der die erlösende Befreiung bringen könnte – der

Mensch –, er erschöpft sich in irrendem Streben und sinnlosem Wähnen. Fühlend seine Mission, ahnend, ausersehen zu sein, die Geheimnisse des Lebens zu ergründen, vermag er den Schleier doch nicht zu heben, der sich über sein Dasein breitet:

«Vergebens bemühet
Ihr euch da droben so viel.
Es rennt der Mensch, es fliehet
Vor ihm das bewegliche Ziel.
Er zieht und zerrt vergebens
Am Vorhang, der schwer auf des Lebens
Geheimnis, auf Tagen und Nächten ruht.»

Wer mögen diese Wächter sein, die offenbar durch die Macht der Finsternis zu diesem düsteren Amt verurteilt sind? Ihre Worte sprechen Wahrheit, ja Weisheit aus.

«Vergebens strebt er in die Luft,
Vergebens dringt er in die tiefe Gruft.
Die Luft bleibt ihm finster,
Die Gruft wird ihm helle;
Doch wechselt das Helle
Mit Dunkel so schnelle.
Er steige herunter,
Er dringe hinan;
Er irret und irret
Von Wahne zu Wahn.»

Ein «Zykaden-Dasein», wie es Mephisto hämisch vor dem «Herrn» mit satanischem Mitleid beklagt; der Mensch, der «fliegend springt» und letztlich im Grase stets «das alte Liedchen singt». Und trotz allem scheint uns in dieser ausweglosen Charakteristik des Menschen, die uns die Wächter hier geben, ein verborgenes, heimliches Hoffen auf ihn zu liegen. Ein stilles Vertrauen, daß des Menschen Streben nicht immer nur ein falsches Wähnen sein muß, daß es auch ein *«holdes Irren»* gibt, das ihn auf leidvollsten Um- und Irrwegen letztlich doch *«sachte zur Wahrheit hinan führt». (12)* Ein *«höher Bedürfnis»,* wie Goethe es nennt, für das der Tempel «da droben» der wertvollste Ausdruck ist. Denn sollte die Macht der Finsternis wirklich für immer über das Licht herrschen können?

Wer also sind diese Wächter? Sie mögen uns an die beiden «Geharnischten» in Mozarts Werk erinnern, aber mit welch anderen Vorzeichen stehen sie jetzt vor uns. Das sind keine «Schwellenhüter», in deren Gesang der Choral hereintönt: «Ach Gott, vom Himmel sieh darein.» Sie gehören vielmehr zu einer Welt, die vielleicht zu lange und zu viel «geschlafen» hat und durch diese Dumpfheit zu jener trostlosen Einstellung geführt wurde, die nur mehr Sinnlosigkeit in dem ewigen Auf und Ab des Lebens erblicken kann. Dies hat sie letztlich zu dem gemacht, was sie jetzt sind: zu Sklaven, zu willenlosen Werkzeugen der Königin der Nacht.

Man wird einwenden, daß es sich in dieser Szene doch nicht um die irdische Menschenwelt handeln kann, daß wir zweifellos in einem untersinnlichen Bereich stehen. Gewiß! Aber der Zwiespalt geht durch alle Bereiche dieser Schöpfung, auch Geistwesen verfallen der widergöttlichen Macht. Und alle diese Bereiche sind auch in den Tiefen der menschlichen Seele. Auf den Menschen blicken alle diese «Gestürzten», die harrende und seufzende Kreatur gleichermaßen, wie die geworfenen Geister der Finsternis. Denn ein dunkles Ahnen ist ihnen einverwoben, daß nur von dort Erlösung für sie kommen kann.

Und Goethe zeigt uns dies in der Schluß-Apotheose mit aller Deutlichkeit auf. «Der hintere Vorhang öffnet sich» und wieder erblicken wir die Wasser- und Feuer-Höhlen, wie im ersten Teil. Goethe will die Szene so angeordnet wissen, «daß es aussieht, als wenn man von dem Felsen nur durch das Feuer und Wasser in die Gruft kommen könnte». Das Bild der Gruft macht es offenbar, daß wir hier in einem Todes-Bereich stehen. Damit wird aber gleichzeitig auch die Steigerung sichtbar, die Goethe den Geschehnissen gibt. Im ersten Teil war das Durchschreiten von Feuer und Wasser für Tamino und Pamina die Begegnung mit dem Tode: «Wir wandeln durch des Tones Macht, froh durch des Todes düstre Nacht», so sprachen sie dieses Erlebnis selbst aus, und es trug daher auch subjektive Züge. Jetzt dagegen ist das Durchschreiten der Elemente Voraussetzung für das Hinabsteigen in ein objektives Totenreich. Und übersehen wir dabei nicht: auch der Altar, der selbst häufig Symbol des Grabes war, ist mit hinuntergesunken in die Gruft.

Dies ist deshalb bedeutungsvoll, weil im Totenreich auch ahrimanische Kräfte, in rechtmäßiger Form, wirken. Alle sklerotisierenden, verhärtenden Wirksamkeiten sind durch Ahriman in die Welt gebracht worden, und insoferne wir im Tode die Erstarrung, den «Knochenmann», den Entzug jeglicher Lebensgrundlage sehen, gilt uns Ahriman als «Herr» des Todes.

Und das Menschenpaar findet den Weg in diese objektive Todes-Sphäre. Ihre Fackeln tragen Licht in die Finsternis, wenn sie singend den Felsen herabsteigen:

«Meine Gattin, meine Teure,
O wie ist der Sohn zu retten!
Zwischen Wasser, zwischen Feuer,
Zwischen Graus und Ungeheuer
Ruhet unser höchster Schatz.»

Eingekerkert in Todesnächte, umlauert von wilden, ungeläuterten Triebeskräften, ist das «Kind», dem es gilt Rettung zu bringen. Denn es ist an der Zeit!

«Einer Gattin, einer Mutter,
Die den Sohn zu retten eilet,
Macht das Wasser, macht das Feuer,
In der Gruft das Ungeheuer,
Macht der strenge Wächter Platz.»

Der Macht der Liebe weichen Elemente und Unholde. Das «Ewig-Männliche» und das «Ewig-Weibliche» befreit seinen «Sohn», in dem sich das unvergängliche Ebenbild der Gottheit, das «Ewig-Menschliche» manifestiert.

Aber noch gibt sich das «Böse» nicht geschlagen. Es scheint, daß die widergöttliche Welt abermals ihre Kompetenz überschreitet und ihre Macht mißbraucht. Der Königin der Nacht gelingt es, wohl allein durch ihre enge Verbindung mit dem ahrimanisierten Monostatos-Prinzip, sich Zutritt in dieses Totenreich zu verschaffen, hoffend, sich nun endlich des Knaben bemächtigen zu können. Aus einer Wolke, die zwischen Feuer und Wasser schweben bleibt, tritt sie heraus und ruft ihre ganze Dämonie zum entscheidenden Kampf auf:

«Was ist geschehen!
Durch das Wasser, durch das Feuer
Drangen sie glücklich und verwegen.

Auf ihr Wächter! ihr Ungeheuer!
Stellet mächtig euch entgegen
Und bewahret mir den Schatz!»

Aber die Wächter folgen dem Befehl nur zögernd. Wohl richten sie ihre Speere gegen das Kästchen, «doch so, daß sie davon entfernt bleiben». Auch die Löwen schließen sich «aufmerksam» an sie an.

«Wir bewahren, wir bewachen
Mit Speer und Löwenrachen,
O Göttin, deinen Schatz.»

Es ist ein Kampf auf des Messers Schneide. Wie sollte er für Tamino siegreich zu Ende gehen? Man bedenke: das Kind im Sarge durch einen Zauber eingeschlossen, Sarastro weilt ferne, der nächtliche Dämon aber ruft alle seine Sklaven erbarmungslos zum Kampf:

«Ihr Wächter, kein Erbarmen!
Behauptet euren Platz!»

Taub ist diese Welt, die nur Haß und Rache kennt, für alles Flehen der Liebe.

«O weh! o weh uns Armen!
Wer rettet unsern Schatz?»

Doch auch jetzt ist dem Bösen der Sieg versagt. Tamino und Pamina beschreiten erneut den Pfad der Initiation, der sie unangefochten durch die drohenden Elemente führt. Die Königin der Nacht aber muß erkennen, daß der Mensch durch die Bewältigung der Feuer- und Wassergewalten eine Stufe errungen hat, auf der er tatsächlich «an die Gottheit heranreicht».

«Sie dringen durch die Wachen,
Der grimme Löwenrachen
Verschlinge gleich den Schatz!»

Im ersten Teil, da sie sich, von Monostatos geführt, in den Tempel schlich, vernahm sie ja nur das «fürchterliche Rauschen» dieser Elementargewalt. Was es in voller Konsequenz jedoch bedeutet, erkennt sie erst jetzt. Besiegt tritt sie in ihre Wolke zurück und schwindet.

Ihr Weichen dünkt uns in einer gewissen Parallelität zur Schwere des Sarges zu stehen, vor der Monostatos kapitulieren mußte. Wie damals Erdenkräfte wirkten, die das Opferblut von Golgatha in sich aufgenommen hatten, so gilt auch für diese Totenwelt das Credo-Wort: «Abgestiegen zur ‹Hölle› (Hel!) und am dritten Tage auferstanden von den Toten.» Durch das Hineinwirken der Christus-Kraft in das Totenreich ist dem Menschen die Möglichkeit beschert worden, den ahrimanischen «Stachel» des Todes überwinden zu können und neues Leben aus ihm zu entzünden. So ist es auch erklärlich, daß in Kirchen und Domen der Altar häufig über dem Grab eines Heiligen oder Märtyrers errichtet wurde.

Goethe zeigt uns in ergreifender Poesie diesen Augenblick der Überwindung. Die Stille, die nunmehr im Grabe herrscht, ist kein Schweigen des Todes mehr; sie ist zum «Mysterium» geworden, aus dem «der Menschen-Sohn» aufersteht. Die Stimme des Knaben dringt aus dem «Kästchen»:

«Die Stimme des Vaters,
Des Mütterchens Ton,
Es hört sie der Knabe
Und wachet auch schon.»

So übermächtig ist das Glück der Eltern, daß sie fürchten, sie könnten neuerlich einem «Zauber» erliegen. Aber unsichtbare Stimmen aus dieser nunmehr von Liebeskräften durchhellten Welt geben beruhigende Gewißheit:

«Nur ruhig! es schläfet
Der Knabe nicht mehr;
Er fürchtet die Löwen
Und Speere nicht sehr.
Ihn halten die Grüfte
Nicht lange mehr auf;
Er dringt in die Lüfte
Mit geistigem Lauf.»

«Der Deckel des Kastens springt auf. Es steigt ein Genius hervor, der durch die Lichter, welche den Kasten transparent machten, ganz erleuchtet ist.» In diesem Augenblick treten die Wächter mit den Löwen heran, drängen Pamina und Tamino zurück und richten ihre Spieße gegen den Genius. Doch dieser hebt sich in die Lüfte und entschwebt:

«Hier bin ich, ihr Lieben!
Und bin ich nicht schön?...
In Nächten geboren,
Im herrlichen Haus,
Und wieder verloren
In Nächten und Graus.
Es drohen die Speere,
Die grimmigen Rachen;
Und drohten mir Heere
Und drohten mir Drachen,
Sie haben doch alle
Dem Knaben nichts an.»

Aus der physischen Leibeshülle – dem «goldenen Sarg», erhebt sich, erfüllt von Lebenskräften, die den Stachel des Todes nicht mehr kennen, ein Seelisch-Geistiges, ein Genius, der keinem Widersacher unterworfen ist, keinen Dämon fürchtet und unangefochten von aller Tierheit bleibt, mit der er nichts mehr gemein hat. Alles, was Tamino und Pamina sich errungen haben, alle Verwandlung des Niederen in ein Höheres, ist in diesem Genius schon ausgebildet. Ist er doch das Bildgleichnis der Frucht des Einweihungsweges seiner Eltern und dadurch Repräsentant einer höheren Daseinsform des Menschen. Einer Daseinsform, die der Mensch aus seiner Erden-Natur heraus zur Entfaltung bringen wird und durch die sich sein wahres, in der göttlichen Ebenbildlichkeit beschlossenes Sein manifestieren wird.

Wenn wir das Werden des Menschen in der Evolution im Sinne der Geisteswissenschaft Rudolf Steiners verfolgen, dann ist er über den Saturn-, Sonnen- und Mondenzustand der Erde wirklich wie durch eine kosmische Feuer-, Luft- und Wasserprobe geschritten, ehe er sich in das «goldene Kästchen» seines physisch-mineralischen Leibes verkörpern konnte. «In Nächten geboren / Im herrlichen Haus, / Und wieder verloren / In Nächten und Graus.» Der ganze Werdegang mit seinen göttlichen Sonnen- und dämonischen Nachtseiten spiegelt sich in diesen Versen.

Aber diese geistige Ebenbildschaft mit dem Göttlichen, die da heruntergestiegen ist als unvergängliche Entelechie in die «Gruft» physisch-materieller Leiblichkeit, muß aus ihr in aller Reinheit wieder neu geboren werden, um zurückkehren zu können zu jenen Sphären, die ihre wahre Heimat sind.

Vielleicht begreifen wir jetzt erst in ganzer Tiefe, wie folgerecht Goethe den Weg weiterführte, den Mozart aufgezeigt hat. Der letzte und innerste Sinngehalt des Mozartschen Werkes ließe sich mit den Worten aus dem Duett Pamina-Papageno zusammenfassen: «Mann und Weib, und Weib und Mann, / Reichen an die Gottheit an.» Wenn dieses Unbeschreibliche zum Ereignis wurde, dann ist das Ewig-Menschliche errungen. Und diese Geburt, die der Schluß von Mozarts Oper zwar in sich impliziert, aber nicht direkt ausspricht, zeigt Goethes «zweiter Teil» auf. Er prägt dieses «Ewig Menschliche» in das Bild des «Sohnes», des nunmehr ungetrennten männlich-weiblichen Prinzips.

Daß sich die in Egoisierung und materielle Verhärtung führenden Gegenmäche mit allen ihnen zu Gebote stehenden Mitteln wehren und eine «Auferstehung» dieses «Sohnes» verhindern wollen, dünkt uns ebenfalls folgerichtig. Denn mit ihm geht Mensch, Erde und Welt einer Vergeistigung entgegen, der jene Mächte von Anbeginn feindlich gegenüberstehen. Nicht ein Versagen Taminos und Paminas hat den Dämonien der Königin der Nacht Macht gegeben, das Unheil über das Menschenpaar zu bringen, mit dem das Werk seinen Anfang genommen hat; vielmehr handelt sie aus ihrer kosmischen Machtfülle, die dem Widergöttlichen nun einmal zugebilligt wurde. Dies läßt sich jetzt wohl klar erkennen und beantwortet gleichzeitig die eingangs gestellte Frage nach dem «Warum» all dieser leidvollen Prüfungen.

Welche Geistigkeit aber ist es nun, gegen die hier gekämpft wird? Die Menschheits-Evolution gibt uns auch dafür die Antwort. Geburt und Aufstieg des «Genius» ist nur möglich geworden durch das Opfer, das die Gottheit auf Golgatha gebracht hat, die, selbst ins Grab gelegt, auferstanden ist von den Toten.

So spricht auch aus Goethes Fragment derselbe Geist, der uns bereits aus Mozarts «Zauberflöte» heraustönte. Denn der Aufstieg des Genius als dem Kinde Taminos und Paminas, oder in seiner spirituellen Bedeutung gesprochen: als dem Sohne des zum «Ewig-Menschlichen» verschmolzenen Männlich-Weiblichen, ist in seinem Kern ein tief christliches Geschehen.

Ausleitung

Der Sieg des Lichtes über die Finsternis war von Goethe als ein totaler gedacht. Aus dem vorhandenen Szenarium läßt sich das Geschehen der noch unausgeführten Teile ziemlich lückenlos rekonstruieren. Liebliche Kinderszenen waren gedacht, sowohl mit den Sprößlingen Papagenos, in deren Mitte auch Sarastro geweilt hätte, als auch mit dem Sohne Taminos und Paminas. Schließlich hätten sich beide Familien zu einer Geist und Stoff vereinigenden «arkadischen» Harmonie verbinden sollen, bis durch Papagenos Unvorsichtigkeit es Monostatos erneut gelungen wäre, sich in den Palast einzuschleichen und den Genius ein zweites Mal zu entführen. Wieder klagen die Eltern um ihr Kind. Doch wäre diesmal Tamino, bewaffnet und Sarastro zur Seite, selbst in das nächtliche Reich gedrungen, und in einer heißen, «von zauberischen Lichteffekten» verlaufenden Schlacht wäre ihm Sieg geworden über die nächtliche Königin. Und bei allem Ernst des Geschehens sollte dem Humor ebenfalls sein Teil werden: denn auch Papageno wäre – im «Harnisch» – in den Kampf gezogen, wobei sein vorsichtiges Ausweichen während der Schlacht uns wohl mehr seine Lebenslust als seinen Heldenmut hätte erkennen lassen.

Festlich sehen wir schließlich den Fürstenpalast zu Taminos feierlichem Empfang geschmückt, Frauen und Kinder harren des befreiten Fürstensohnes. Da schreitet das Widergöttliche zur letzten Verzweiflungstat: Monostatos gelingt es, eine Mine zu legen, um den Palast zu zerstören. Der dadurch entstandene Brand ist jedoch bald gelöscht und der letzte Auftritt hätte uns Monostatos und seine schwarzen Helfershelfer gefangen im Zeughaus des Fürsten gezeigt, während Sarastros Priester einen Dank- und Freudenhymnus auf die endgültige Rettung des «Thronerben» anstimmen. Die «Schlange» wäre somit endgültig «geworfen» und das Böse – im Sinne der Apokalypse gesprochen – wohl für «tausend Jahre» gebunden.

Blicken wir auf dieses Zauberflöten-Fragment noch einmal zurück, für das sich kein Meister gefunden hatte, es in Musik zu setzen, so stellt sich uns erneut mit aller Eindringlichkeit die Frage, wie dieser Meister wohl hätte heißen müssen, der der Goetheschen Dichtung die musikalische Seele hätte einhauchen können. Wem wäre es gelungen, diese einzigartige Vermischung von heiterem Märchenton mit ernstester Mysterienweisheit, von drolligen Papagenospäßen mit leidvollsten Prüfungen in Töne zu fassen und gleichzeitig dem Werk Mozarts gerecht zu werden? Jetzt, nachdem uns Goethes Dichtung vertrauter ist, scheint es nur eine Antwort auf diese Frage zu geben: Mozart selbst und kein anderer hätte Goethes: «Der Zauberflöte zweiter Teil», komponieren müssen. Ein Muß, dem der Zeiten- und Schicksalslauf jedoch entgegenstand.

Doch soll dieses Urteil die Zukunft nicht präjudizieren. Vielleicht ist es einem kommenden Genius gewährt, diesem an Poesie so reichen Torso ein ihm gemäßes musikalisches Leben zu verleihen. Vorerst freilich wird Goethes Versuch einer Fortsetzung der «Zauberflöte» wohl stummes Fragment bleiben müssen. In seiner Stummheit aber ist es uns ein unvergängliches Zeugnis für die tiefe Weisheit, die in Mozarts unsterblicher Oper liegt. Denn nochmals sei es betont: Goethe hat in seiner Dichtung nichts verfremdet und hineininterpretiert, sondern nur folgerichtig weitergeführt und zu dramatischem Leben erweckt, was in Mozarts Mysterienspiel bereits verwurzelt ist.

DER ZAUBERFLÖTE ZWEITER TEIL

Literatur-Verzeichnis

1 Rudolf Steiner: Ägyptische Mythen und Mysterien, Vortrag v. 3. IX. 1908, Dornach 1960
2 Rudolf Steiner: Ägyptische Mythen und Mysterien, Vortrag v. 8. IX. 1908, Dornach 1960
3 Walter Bühler: Nordlicht, Blitz und Regenbogen, Dornach
4 Rudolf Steiner: Die Offenbarung des Karma, Vortrag v. 15. V. 1910, Dornach 1949
5 Joh. W. v. Goethe: Reise in die Schweiz 1797, Artemis Gesamtausgabe, Band XII, Seite 102
6 Rudolf Steiner: Goethes «Geheime Offenbarung», Vortrag v. 2. III. 1905, Dornach 1982
7 Joh. W. v. Goethe: Schriften zur Naturwissenschaft, Studie nach Spinoza, Artemis Gesamtausgabe Band XVI, Seite 842
8 Rudolf Steiner: Die Geheimnisse der biblischen Schöpfungsgeschichte, 9. Vortrag, Dornach 1932
9 Rudolf Steiner: Das Johannes-Evangelium, Vortrag v. 26. V. 1908, Dornach 1962
10 Rudolf Steiner: Der Seelen-Erwachen, 4. Mysteriendrama, Dornach 1973
11 Friedrich Oberkogler: Faust, Der Tragödie 2. Teil, Schaffhausen 1982
12 Joh. W. v. Goethe: Vier Jahreszeiten, Herbst, Artemis Gesamtausgabe Band I, Seite 261